ヒューマンエラー防止で減らす施設事故

高齢者福祉施設 編

中目 昭男 [著]

三恵社

はじめに

　人為的な過誤やミスはヒューマンエラーといわれています。事故といわれるものにおいて、80％から90％がヒューマンエラーによって起こるという見方があります。災害といえども、事前に備えをしておくことや災害が発生後の避難に関わる判断や方法などにおいて、人的要因が絡んでヒューマンエラーによる事故が発生する可能性があります。

　福祉施設においても、利用者へのサービス提供業務は人手による仕事がほとんどで対象も人です。人が介在するということは、そこには必ずと言っていいほど、ヒューマンエラーによる事故が付いて回ります。施設の運営にあたっては、ヒューマンエラーについての問題を避けて通ることはできません。そして、いったん事故を発生させてしまうと、利用者に対して損害を与えてしまうことはもちろんですが、ただでさえ忙しい現場では、その対応に大きな稼働を要して大変なことになります。事故の発生は嫌なものです。

　施設を運営するためには、人はヒューマンエラーをするものでありヒューマンエラーをゼロには出来ないという認識をし、かつヒューマンエラーを否定的に捉えるのでなく、建設的に受け止めて取り組む必要があると考えます。「エラーを犯す」という表現があるようにややもすれば、ヒューマンエラーはエラーをした個人の責任とされてしまい、事故の原因をヒューマンエラーそのものとされてしまいがちです。

　ヒューマンエラーを防止するためには、ヒューマンエラーには何らかの根本原因、背景要因があり、その結果としてヒューマンエラーが発生したと捉えることが必要です。特に背景要因としてマネジメントを含めた組織要因などの環境要因があると考えることが大切と考えます。すなわち、ヒューマンエラーを起こした個人の責任を追及するのでなく、事故が発生した作業の「場」を職場・事業場などの大きな視点により、業務環境として多面的に把握し、発生要因を探し出し再発防止策を講じることが大切です。

　そして、事業としての福祉施設業務における組織内の「事故」には、

i

生産性の追求（効率性や従業者の立場による都合を含む）と安全性の確保（利用者の立場によるＱＯＬ維持を含む）というトレードオフの関係にある２つの要素が存在するのが実態です。現場が人手不足の状況にある中で、この２つの要素をバランスさせ対策を講じる必要があります。事故の範囲に「身体拘束の発生」も入れて考えると分かると思います。

　ヒューマンエラーを分析する解説書、網羅的に学ぶ学術的な本は多くありますが、現場事業所を運営する現場向けの実務書として具体的で直ぐ使える案内書が少ないと思います。そこで、事業所を運営する現場の責任者、従業者を読者と想定し、すぐ現場で活用できる本となることを意図して書きました。対人サービスに携わる仕事をされている方にも役立つ本と思います。筆者はサービス提供を行う事業所の責任者として十数年携わる中でヒューマンエラーの防止に取組んできました。ヒューマンエラーを分析し対策を考える様々な手法がありますが、本書は、筆者が使用してきた経験があり、それなりの使い勝手の良さがある４Ｍ手法について絞り込んで書きました。４Ｍ手法は、米国の国家交通安全委員会（ＮＴＳＢ）が考案したものといわれ、事故の原因分析および対策を整理する方法として医療現場や航空、鉄道業界など幅広い分野で使用されている手法です。忙しく時間がない方は、第３章、第４章を拾い読みしてください。

　そして、ヒューマンエラーの防止について取り組むということは、その入口は１件の事故について再発防止の取り組みですが、出口は職場づくり、事業所づくりといった従業員の働き甲斐に繋がる取り組みということを認識していただけると幸いです。働き甲斐ある職場づくりをすることによりヒューマンエラーは減ると信じています。本書が利用者のサービス向上と働き甲斐のある職場づくりをしようとしている皆様のお役に立てることが出来れば幸いです。

平成30(2018)年３月
中目昭男

目次

はじめに

第1章　福祉施設における事故とは
1．介護保険事業所として報告を求められる事故 ………… 2
(1)　事故の範囲　　　　　　　　　　　　　　　　　　2
(2)　報告事故の内容　　　　　　　　　　　　　　　　5
2．福祉施設等における消費者事故 ……………………… 8
(1)　事故の範囲　　　　　　　　　　　　　　　　　　8
(2)　事故の内容　　　　　　　　　　　　　　　　　　9
3．福祉用具等の製品事故における高齢者事故 …………… 11
4．福祉施設における労働災害事故 ………………………… 13
(1)　死傷災害の発生状況　　　　　　　　　　　　　　13
(2)　死傷災害の特徴　　　　　　　　　　　　　　　　15
5．医療機関等における医療事故 …………………………… 17
(1)　事故の範囲　　　　　　　　　　　　　　　　　　17
(2)　用語の定義　　　　　　　　　　　　　　　　　　18
6．福祉施設の運営における事故 …………………………… 21
(1)　事故の定義　　　　　　　　　　　　　　　　　　21
(2)　事故の範囲　　　　　　　　　　　　　　　　　　22

第2章　ヒューマンエラーとは
1．人間の特性についての理解 ……………………………… 26
(1)　脳の働きの特徴　　　　　　　　　　　　　　　　26
(2)　意識水準　　　　　　　　　　　　　　　　　　　27
(3)　人間の基本的な行動特性　　　　　　　　　　　　27
(4)　集団の心理的特性　　　　　　　　　　　　　　　28
(5)　加齢とととともに低下する機能　　　　　　　　　29
2．サービスを提供する利用者（高齢者）についての理解 …… 31

(1) 老化と身体機能変化　　　　　　　　　　　　　　　31
(2) 老化と生理機能変化　　　　　　　　　　　　　　　32
(3) 老化と感覚機能変化　　　　　　　　　　　　　　　34
(4) 老化と神経機能等の変化　　　　　　　　　　　　　35
3．ヒューマンエラーの定義　･････････････････････　37
(1) ヒューマンエラーの位置づけ　　　　　　　　　　　37
(2) 定義　　　　　　　　　　　　　　　　　　　　　　38
4．ヒューマンエラーの分類　･････････････････････　39
(1) 行為に着目したエラーの分類　　　　　　　　　　　39
(2) 状況に着目したエラーの分類　　　　　　　　　　　40
(3) 結果に着目したエラーの分類　　　　　　　　　　　40
(4) 不安全行動に着目したエラーの分類　　　　　　　　41
(5) 組織に着目したエラーの分類　　　　　　　　　　　42
(6) 福祉施設のヒューマンエラーの分類体系　　　　　　44

第3章　ヒューマンエラーの防止

1．ヒューマンエラーの背景　･･････････････････････　48
(1) ハインリッヒの法則　　　　　　　　　　　　　　　48
(2) 事故に至るプロセス（スイスチーズモデル）　　　　49
(3) 組織的な視点による事故の発生　　　　　　　　　　51
2．ヒューマンエラー発生要因と人間の行動モデル　････　53
(1) 人間の認知情報処理過程モデル　　　　　　　　　　53
(2) サービス提供業務の場における全体システムモデル　56
(3) m-SHELモデル　　　　　　　　　　　　　　　　57
(4) 4M手法モデル　　　　　　　　　　　　　　　　　60
3．ヒューマンエラー防止に向けた具体的取組み　･･････　64
(1) 取り組みのアプローチを整理する　　　　　　　　　64
(2) 取り組みへの事業所方針を決める　　　　　　　　　66
(3) 取り組みの体制を決める　　　　　　　　　　　　　66
(4) 取り組みのルールづくりを行う　　　　　　　　　　67

4．事故が発生した場合の取り組み ………………………	69
(1) 事故によるサービスへの影響を拡大させない取り組み	69
(2) 同様な事故を発生させない取り組み(再発防止)	70
5．事故を未然に防止する取り組み ………………………	71
(1) ヒヤリ・ハット活動の運営ポイント	72
(2) ヒヤリ・ハット事例の蓄積と活用	75
6．ヒューマンエラーを防止する組織運営 ………………	76
(1) ヒューマンエラー防止の取り組みの位置づけ	76
(2) ヒューマンエラーを防止する職場づくり	79
(3) 安全文化の醸成について	84

第4章　ヒューマンエラーの事故分析と再発防止策

1．4M手法による事故調査方法のポイント ………………	88
2．4M手法による事故分析 ………………………………	90
(1) 事故報告と原因分析・再発防止策の様式作成	90
(2) 事故報告書の記入	93
(3) 原因分析と再発防止策記録の記入	95
(4) 再発防止策についてのフォロー	110
3．ヒヤリ・ハット活動の実際 ………………………………	112
(1) 事例報告と要因分析・対策の様式作成	112
(2) ヒヤリ・ハット報告書の記入	115

資料編 ……………………………………………………… 121

第1章
福祉施設における
事故とは

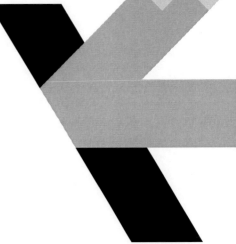

1．介護保険事業所として報告を求められる事故

　病院などの医療機関において行われる医療行為における「医療事故」については定義がなされています。その一方で、福祉施設などの現場で利用者に提供されている介護サービスにおいては、「介護事故」や「事故」という言葉はつかわれていますが、その定義は明確になされていません。都道府県もしく市町村の行政機関は、介護保険によるサービスを提供している事業所に対して、介護保険法や厚生労働省令などに基づき、「介護保険事業者における事故発生時の報告取扱要領」などを定めて、「事故の範囲」を示し、介護サービス提供における事故を報告させています。その事故の範囲に示される事故の区分は、起因する事象と結果としての「ケガや死亡」などの事象が混同され整理されていません。

(1) 事故の範囲

　その事故範囲の区分としては、「サービスの提供による、利用者のケガ又は死亡事故の発生」「食中毒及び感染症の発生」「利用者の処遇に影響を与える職員（従業者）の法令違反・不祥事等の発生」及び、「サービス提供に影響を与える火災の発生や災害による被害の発生」の4つが主なものになります。行政機関によって、更に具体的なものを例示しています。「事業者側の過失の有無を問わないこと」は共通しています。「ケガ」は「医療機関の受診を要したもの」を原則としていますが、「30日の治療を必要とする場合」「一週間の通院を要する場合」「施設内での治療を含む」といったように行政機関によってそれぞれです。

　また、「重大な影響を与える事故」「軽微なものを除く」といった抽象的な表現がなされている例が見受けられます。都道府県毎の当該報告取扱要領、もしくは該当事業所向けの会議資料をインターネット検索などにより閲覧したものについて、その概要を取りまとめたものを図表1-1に示します。また、都道府県毎に一覧表にしたものを図表1-2に示します。

図表1-1　介護保険事業者が報告を求められる事故の範囲

区　分		内　容	備　考
利用者の身体的・精神的な被害	利用者のケガ、又は死亡	●サービス提供中における利用者のケガ、又は死亡事故※ ・ケガは、医療機関で受診を要するもの。通院、入院を要したもの、重傷（一週間程度以上の入院）、治療30日以上※の負傷など具体的に限定的に示しているところもある。 ・一定程度の後遺障害、一酸化中毒※を含めているところもある。 ・死亡については、自然死以外の死亡を対象として区分のあいまいさを払拭しているところもある。 ・死因等に疑義が生じる可能性のある病死 ・家族とトラブルになる可能性のある病死 ・誤飲、誤食、誤嚥※及び誤薬 ・医療事故を含めるところもある。	※消費者安全法による消費者事故報告として求められている。
	食中毒及び感染症	●感染症もしくは食中毒の発生。 ・①同一の感染症若しくは食中毒による又はそれらによると疑われる死亡者又は重篤患者が1週間内に2名以上発生した場合、②同一の感染症若しくは食中毒の患者又はそれらが疑われる者が10名以上又は全利用者の半数以上発生した場合、③①及び②に該当しない場合であっても、通常の発生動向を上回る感染症等の発生が疑われ、特に施設長が報告を必要と認めた場合は、併せて保健所にも報告する。 ・保健所へ通報義務のある食中毒及び感染症 ・飲食物に毒物・劇物等が含有・付着した事態※	・感染症法、食品衛生法により該当する場合は、医師から保健所へ届け出る。 ※消費者安全法による消費者事故報告として求められている。
	精神的被害	・職員の利用者への虐待行為、身体拘束や虐待が原因と思われる事故 ・事業所内で発生した人権侵害 ・虐待は市町村が県等へ報告すべきものとしている場合がある。	
	その他	・介護サービスが不十分（不適切）による事故※ ・製品の安全性が不十分による事故※ ・行方不明（警察への通報、捜索願を提出したもの等） ・交通事故 ・利用者が加害者となるような不法行為	※消費者安全法による消費者事故報告として求められている。
従業者に関わること	従業者の法令違反、不祥事	●利用者の処遇に影響ある従業者の法令違反、不祥事等 ・交通事故、個人情報紛失・漏洩、貯金横領、預り金着服、暴力・犯罪行為、詐欺、窃盗等の例示をしている場合がある。	
	その他	・従業者の自然死以外の死亡	
サービス提供等に重大な支障を伴う物的・人的被害		●自然災害（地震、風水害等）による被害 ・火災発生（消防機関へ出動要請したものと例示する場合がある） ・施設設備による被害※	
その他		・テレビ・新聞等で報道された（可能性のある）事案 ・利用者が経済的損失を受けること	

図表1-2 都道府県毎の介護保険事業者から報告を求める事故

区分 都道府県	ケガ、又は死亡事故	虐待、人権侵害	誤飲、誤食、誤嚥及び誤薬	感染症又は食中毒の患者発生	医療事故	行方不明	不法行為	交通事故	従業者の法令違反不祥事等	従業者の自然死以外の死亡	災害による被害	火災発生(物的・人的被害)	施設設備に関わる事故
北海道	○	○	○			○	○		○			○	
青森県	○			○					○				
岩手県	○			○	○	○	○	○	○	○	○	○	○
宮城県	○			○									
秋田県	○			○	○				○		○		
山形県	○			○	○						○		
福島県	○			○		○			○		○		
茨城県	○		○	○					○		○		
栃木県	○			○					○				
群馬県	○			○					○				
埼玉県	○	○	○	○					○				
千葉県	○			○					.		○		
東京都	○			○					○				
神奈川県	○								○				
新潟県	○			別途報告		○			○		○		
富山県	○			○					○				
石川県	○			○									
福井県	○	○		別途報告					○				
山梨県	○								○				
長野県※	○			○	○								
岐阜県	○			○		○						○	
静岡県	○			別途報告									
愛知県	○			○					○				
三重県	○			○					○		○		
滋賀県	○			○									
京都府	○		○	○					○				
大阪府	○			○					○		○		
兵庫県	○			○					○				
奈良県	○		○	○					○		○		
和歌山県	○			○					○				
鳥取県	○			○					○				
島根県	○	○		○					○				
岡山県	○		○	○					○		○		
広島県※	○			○					○				
山口県	○				○				○			○	
徳島県	○			○					○				
香川県	○		○				○		○				
愛媛県	○		○	○		○			○		○	○	
高知県	○			○					○				
福岡県	○			○					○		○		
佐賀県	○			○					○				
長崎県	○	○	○	○		○			○			○	
熊本県	○		○	○					○		○	○	
大分県	○	○		○					○		○	○	
宮崎県	○	○		○					○		○	○	
鹿児島県	○		○	○					○				
沖縄県	○		○										

各都道府県HPの当該情報(平成29年7月閲覧)から、報告を求める内容を概略区分化し○印で一覧表を作成した。
※長野県・広島県については、市町に依ることとしているので、長野市・広島市の例をそれぞれ示した。

(2) 報告事故の内容

　介護保険の運営主体者である介護保険者の市等が、介護保険サービスにおいて発生する事故について取りまとめ公表しているケースは少ないです。

　全国の市町村、都道府県を対象としたアンケート調査を三菱総合研究所が実施し報告書を作成しています。その中で、889市町村から28,518事故報告件数の回答を得て、事故の種類別の1市区町村あたりの報告件数平均を取りまとめています。それを図表1-3に示します。

　「転倒」が16.9件で圧倒的に最も多く、次いで「感染症等」3.8件、「転落」3.5件、「誤嚥」1.8件、「誤薬」1.0件、「衝突」0.7件、「無断外出」0.6件となっています。

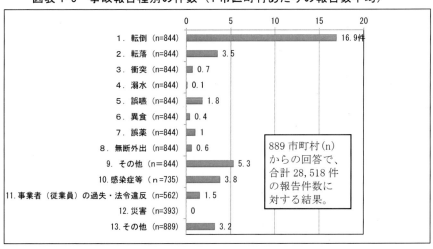

図表1-3　事故報告種別の件数（1市区町村あたりの報告数平均）

出典：三菱総合研究所「高齢者介護施設における介護事故の実際及び対応策のあり方に関する調査研究事業報告書」（平成21年3月,59）

　事故報告を、事故の発生要因と事故種別（事故内容）との関係について取りまとめているところも少ないです。東京都世田谷区は、毎年「介護保険事故報告」を取りまとめており、その中で「事故発生要因別事

故内容」として取りまとめています。平成28年度分を図表1-4に示します。「転倒（事故要因）」による「骨折（事故内容）」が最も多く406件で、全体件数の26.8%を占めています。次いで「介護看護」における「誤与薬・与薬漏れ」が195件で12.9%、「転倒」による「打撲」が177件で11.7%、「転倒」による「損傷・表皮剥離・擦り傷」が117件で7.7%、「感染」による「感染症」が68件で4.5%の順となっています。事故内容では、「骨折」が35.5%、次いで「打撲」が14.8%、「誤与薬・与薬漏れ」が14.5%、「損傷・表皮剥離・擦り傷」が11.8%となっており、これらで全体の7割以上を占めていることが分かります。

図表1-4　事故発生要因別事故内容

事故内容＼事故要因	転倒	介護看護	転落	感染	誤嚥	原疾患に起因	不明	その他	合計	構成比
骨折	406	28	21			1	72	10	538	35.5%
打撲	177	11	16				12	8	224	14.8%
誤与薬・与薬漏れ		195			2		1	21	219	14.5%
損傷・表皮剥離・擦り傷	117	18	14				14	16	179	11.8%
感染症				68			2	1	71	4.7%
意識レベルダウン					2	5	14	5	26	1.7%
窒息		2			19		1	1	23	1.5%
行方不明							4	18	22	1.5%
誤飲・誤食		3			7			6	16	1.1%
個人財産・情報の紛失								15	15	1.0%
脳疾患・脳血腫	7						2		9	0.6%
心疾患		1				1	1	3	6	0.4%
熱傷		3					1	2	4	0.3%
不快・不安							1	2	3	0.2%
その他	34	29	6	1	7	5	23	54	159	10.5%
合計	741	290	57	69	37	12	147	161	1,514	100%

出典：東京都世田谷区「平成28年度介護保険事故報告」（平成29年7月）

　また、介護事故おいて重大な事故である「死亡事故」となる要因について福岡市は事故報告書で分析結果を出しています。福岡市における平成26年度事故報告について、事故種別の状況を図表1-5に、死亡事故の事故要因種別の状況を図表1-6に示します。事故報告件数を、事故種別に分類すると、最も多いのが「転倒」1,485件で全体件数の38%、次いで「感染症」が627件で16%、「誤薬」が421件で11%となっています。このような状況において、死亡事故が44件あり、それ

を事故種別に分類すると、最も多いのが「誤嚥」19件で43%、次いで「感染症」5件で12%となっています。「誤嚥」が死亡に至る重大な事故であることを示しているといえます。

図表 1-5　事故報告における事故種別

事故種別	24年度 件数(件)	24年度 割合(%)	25年度 件数(件)	25年度 割合(%)	26年度 件数(件)	26年度 割合(%)
転倒	1,320	42	1,253	44	1,485	38
転落	222	7	226	8	274	7
接触	221	7	152	5	175	4
異食	78	2	84	3	107	3
誤嚥	103	3	92	3	123	3
誤薬	354	11	360	13	421	11
食中毒	3	0			1	0
感染症(インフルエンザ、ノロウィルス、疥癬を含む)	456	14	262	9	627	16
交通事故	21	1	16	1	28	1
徘徊	40	1	36	1	39	1
職員の違法行為・不祥事(虐待、金銭紛失を含む)	103	3	33	1	9	0
その他	256	8	308	11	613	16
合計	3,177	100	2,822	100	3,902	100

出典：福岡市「平成26年度福岡市介護サービス事故報告」（平成27年6月）

図表 1-6　死亡事故の事故要因種別

事故要因種別	24年度 件数(件)	24年度 割合(%)	25年度 件数(件)	25年度 割合(%)	26年度 件数(件)	26年度 割合(%)
転倒	2	7	4	12	3	7
転落	1	3	1	3	1	2
接触						
異食						
誤嚥	15	52	19	56	19	43
誤薬						
食中毒						
感染症(インフルエンザ、ノロウィルス、疥癬を含む)	3	10	1	3	5	11
交通事故					1	2
徘徊			1	3		
職員の違法行為・不祥事(虐待、金銭紛失を含む)						
その他	8	28	8	24	15	34
合計	29	100	34	100	44	100

出典：福岡市「平成26年度福岡市介護サービス事故報告」（平成27年6月）

2．福祉施設等における消費者事故

(1) 事故の範囲

　消費者安全法（平成 21 年法律第 50 号）により、自然災害や労働災害、公害などを除いた、消費生活において消費者に被害が発生した事故や事故を引き起こすような事態の概念を「消費者事故等」として定めています。「消費者事故等」は、内容的には①消費者の生命・身体に被害を与えるもの、②財産に被害を与えるもの、また、事象的には①被害が発生した事故、②事故を引き起こすような事態、に大別されます。図表 1-7 にその概要を示します。

図表 1-7　消費者事故等の定義

区　分		定義の要件
生命・身体被害に係るもの	生命・身体被害が現実に発生しているもの	1．事業者が事業のために供給・提供・利用する商品・製品、物品・施設・工作物、提供する役務を消費者が使用・利用することに伴って生じた事故 2．政令で定める程度の被害が発生したもの ①死亡事故、 ②治療に一日以上かかる負傷・疾病、 ③一酸化炭素中毒 3．その事故に係る商品等又は役務が消費者安全性を欠くことにより生じたものでないことが明らかでないもの
	生命・身体被害が発生するおそれのあるもの	1．消費安全性を欠く商品等又は役務の消費者による使用等が行われた事態 2．商品等又は役務の使用等において、第1号に掲げる事故が発生するおそれがあるものとして政令で定める要件に一つでも該当するもの ①商品等・役務が安全基準に不適合、 ②飲食物以外の物品・施設・工作物に、破損・故障・汚染・変質等の劣化や、過熱・異常音等の異常が生じた事態、 ③飲食物に、腐敗・不潔・病原体による汚染、有毒・有害物質の含有・付着、異物混入・添加、異臭、容器・包装の破損等の異常が生じた事態
財産被害に係るもの	消費者に財産被害を発生させるおそれのある事態（取引に起因するものを中心として財産に関する不利益全般を包含する）	1．消費者の利益を不当に害するおそれがある行為又は消費者の自主的かつ合理的な選択を阻害するおそれがある行為であって 2．虚偽の又は誇大な広告など政令で定めるものが事業者により行われた事態 ①虚偽・誇大な広告・表示、 ②消費者との契約締結に際し、消費者が申込みの撤回・解除・解約をすることを妨げる以下のいずれかの行為（不実告知、事実不告知、断定的判断の提供、不退去、退去妨害） ③契約締結・履行、申込みの撤回・解除・解約に関して、消費者を欺き、威迫し、困惑させる行為、 ④不当な契約締結又はその勧誘、 ⑤債務不履行、 ⑥違法景品類の提供、 ⑦その他消費者利益の保護に資する行為規制違反行為

報告対象の事故範囲を、「介護事業者が提供する商品・製品及び施設・工作物、並びにサービス（役務）を利用者（消費者）が使用・利用することに伴って生ずる（及び、発生するおそれのある）事故」としています。報告範囲が広いので知る立場の利用者側としては、好ましいことです。報告をする事業者側の立場では、どこまでを範囲に含めるか難しいものとなると考えます。

同法により地方公共団体の長は消費者事故等に関する情報を得たときは、消費者庁長官に対して通知すると共に厚生労働省にも通知しなければならないこととされています。特に次に示す重大事故等については、発生したという情報を得たら直ちに（数時間以内）通知することが求められています。

(2) 事故の内容

具体的な内容については、政令や「消費者事故等の通知の運用マニュアル」（平成21年10月28日消費者庁）で定義や解説が詳しく記述されています。その中で、重大な生命・身体的被害を定義している内容があるのでそれを図表1-8に示します。

図表1-8　消費者事故等における重大な生命・身体被害の定義

区　分	定義の要件
生命・身体に関する被害が現実に発生している事故	①死亡 ②負傷・疾病であって、治療に要する期間が30日以上であるもの ③負傷・疾病であって、これらが治った（症状固定を含む。）ときに府令で定める程度の身体障害が存するもの ④中毒（一酸化炭素中毒）
実際には被害が生じていないが、重大な生命・身体被害が現実に発生する事故を発生させるおそれがあるもの	①安全基準不適合＋重大な異常 　・〈飲食物以外〉安全基準不適合かつ消費安全性を確保する上で重要な部分の異常 　・〈飲食物〉安全基準不適合かつ毒物・劇物等の含有又は付着 ②上記①のほか著しい危険・異常 　・窒息その他の生命・身体への著しい危険 　・火災その他の著しい異常

前1項で説明した、介護保険事業者に求められる事故報告の範囲には、「消費者事故等」として報告を求められる範囲も包含されるべきと考えますが、ほとんど整合がとられていないのが実態のようです。県

によっては、報告を求める「事故の範囲」として、重大事故の例示として「治療に要する期間が30日以上である負傷・疾病」「一酸化中毒」など消費者事故等を意識したと思われるものがあります。各都道府県に対して、消費者安全法に基づき、国に報告するように消費者庁及び厚生労働省の関連部局連名で「社会福祉施設等の利用に係る消費者事故等の通知について(再通知)」(平成27年5月29日事務連絡)で、図表1-9に示す具体的事例をあげて注意喚起を図っています。

図表1-9　介護施設等における消費者事故等の事例

<役務提供者の安全配慮が不十分だった疑い>
・被介護者が介護者の介助で自宅のベッドから車椅子へ移動する際に、転倒して左大腿骨骨折の重傷。 ・被介護者がヘルパーと散歩中バランスを崩して転倒し、右腕骨折の重傷。 ・被介護者が食品の誤嚥により窒息死(被介護者は嚥下障害があったが、介護施設は食材の配慮、食事中の見守り、食後の救急救命措置が不十分だった可能性)。
<製品の安全性が不十分だった疑い>
・被介護者が、ポータブルトイレの近くで死亡(転倒した際に、ポータブルトイレの背もたれと肘掛けの間の隙間に頸部を挟まれた可能性)。 ・被介護者が、介護ベッドの手すりのすき間に挟まれた状態で死亡が確認。

　全国から報告された当該事故情報は、消費者庁と独立行政法人国民生活センターが連携し運営する「事故情報データバンク」へ入力されるとともに、インターネットで誰でも自由に閲覧・検索することが出来きます。全登録件数215,333件(H21年9月〜H30年1月現在)あり、「高齢者の事故情報リスト」という検索項目も設定されています。しかし、「介護サービス」のキーワードで検索すると211件しか登録されておらず、「介護事故」で検索すると結果は4件のみです。当該事故の入力情報を充実させて、今後、利便性が向上することが期待されます。

　また、高齢者の方が利用することが多い製品や介護用品についても、回収や修理等が必要な製品をそのまま使い続けると重大な事故を引き起こすおそれがあるものや、安全に使用するための注意が呼びかけられている製品もあります。そのような製品は、消費者庁ウェブサイト

の「リコール情報サイト（http://www.recall.go.jp/）」に掲載されています。事故報告等があったものとして、介護用ベッド、ベッド用サイドレール／グリップ、手すり、ポータブルトイレ、手指保護具（口腔用）、歩行補助車、電動車椅子、マッサージ器が掲載されています。福祉用具の回収・無償修理等の情報も掲載されています。

3．福祉用具等の製品事故における高齢者事故

独立行政法人製品評価技術基盤機構（NITE）は、消費者庁に報告される重大製品事故以外の事故情報についても情報収集を行っており、収集した事故情報について調査と原因究明を行っています。

同機構が平成24年度から平成28年度の5年間の製品事故情報の中から65歳以上の高齢者が被害に遭った事故を整理したところ、高齢者の事故は1,280件となっており、そのうち死亡事故126件、重傷事故176件に上っています。高齢者の死亡及び重傷事故は事故の原因が製品の使い方によるものが約6割と多く、年代が上がるにつれて被害の程度が重篤化する傾向にあることを報告しています。事故の防止には、高齢者本人だけでなく家族や周囲の注意や理解も重要です。

高齢者の事故を、65歳以上70歳未満、70歳以上80歳未満、80歳以上で整理したものを図表1-10に示します。

図表1-10　高齢者の死亡及び重傷事故における使い方が原因となった事故
（平成24年度から平成28年度の5年間の製品事故情報より）

65歳以上70歳未満	23件
脚立・はしご・踏み台	5
ストーブ	3
電動車いす	2
住宅	2
靴	2
介護ベッド及び関連製品	1
こんろ	1
除雪機	1
いす	1
歩行車・歩行器	1
その他	4

70歳以上80歳未満	59件
ストーブ	16
脚立・はしご・踏み台	8
こんろ	5
電動車いす	4
介護ベッド及び関連製品	3
除雪機	2
いす	2
草刈り機・芝刈り機	2
住宅	1
靴	1
その他	15

80歳以上	70件
ストーブ	15
介護ベッド及び関連製品	12
電動車いす	7
こんろ	4
暖房機能付き便座　※	4
除雪機	3
歩行車・歩行器	3
脚立・はしご・踏み台	2
いす	2
靴	2
その他	16

※温水洗浄便座など
出典：製品評価技術基盤機構（平成29年9月14日）

80歳以上の高齢者から、介護ベッド周りの製品による死亡・重傷事故が増えます。その中で最も多いのがベッド周りの隙間に頭や首など身体を挟まれる事故です。介護者は介護ベッドおよび関連製品の隙間に細心の注意を払い、わずかな隙間でも保護カバーを掛けるなどの対策を取ることが求められています。福祉施設においても注意が必要なところです。

　また、福祉用具の安心・安全な利用の推進を行っている公益財団法人テクノエイド協会（ＡＴＡ）は、福祉用具の利用に係わる事故およびヒヤリ・ハット情報等を、以下に示す「ヒヤリ・ハット情報等」として、情報収集を行っています。収集している情報は、製品評価技術基盤機構が公表している事故情報と、同協会が高齢者介護に携わっている方を対象とするアンケート調査の結果等をもとに事例情報として加工したものとなっています。収集した情報については、ネットで福祉用具ヒヤリ・ハット事例として検索を出来るようにしています。約330件の事例が登録されており、用具種別名などのキーワードで絞り込みが出来るとともに、イラストもあり使い易いものとなっています。

【福祉用具の利用に係わるヒヤリ・ハット情報等】の定義
　・福祉用具（製品）の不具合に起因しない事故
　・福祉用具に係るヒヤリ・ハット
　・事故やケガにつながるような危険な福祉用具の使い方、利用環境や事象など

→まだ「事故」や「ケガ」は発生していないが、起こる可能性や様子
→福祉用具（製品）単体に限定せず、福祉用具の利用に係わる利用者の生活全般から、事故等につながる可能性のある内容や様子
→誰もが感じる危険な場面・環境、危険な使用方法
→大きな事故などを未然に防ぐため、介護の現場で共有すべきと考える情報

として整理された情報内容が掲載されています。

4．福祉施設における労働災害事故

利用者に対して、安全で安心な適切なサービスを提供するためには、当該施設で働く従業者が安全で安心な業務環境で働けることが必要です。ここで福祉施設分野における従業者の労働災害発生状況と特徴について理解しておきます。

(1) 死傷災害の発生状況

平成28年の労働災害における死傷者数（死亡災害と休業4日以上）は、全産業で117,910人と前年を下回り、平成24年から1.4％減少しています。一方で、社会福祉施設の事業分野の死傷者数は、平成28年8,281人と平成24年同値から27.8％増加し、毎年増え続けています。全産業で、主な事故の型別でみると「転倒」が27,152人で全体の23％とワースト1となり大きな割合を占めています。それは、図表1-11に示すとおりです。このような状況で、2015年から厚生労働省は「STOP！転倒災害プロジェクト」を開始し、行政としても転倒災害防止を喫緊の課題ととらえています。

更に、社会福祉施設の事業分野の死傷災害の型別内訳の推移をみると、図表1-12に示すとおりです。平成28年の同型別内訳の比率は図表1-13に示すとおり、腰痛等の「動作の反動・無理な動作」が最も多く2,793人で全体の34％と増加を続けています。「転倒」も次いで多く2,689人で同32％と同様に増加を続けています。この2つが全体の66％と死傷災害の大半を占めてしまっています。厚生労働省は、社会福祉施設の腰痛について、腰痛予防対策講習会を全国で開催すること等により、「職場における腰痛予防対策指針」に則した取り組みを促しています。

図表 1-11　業種別・事故の型別　死傷災害発生状況　　　　　　　　　（人）

区　分		平成24年	平成25年	平成26年	平成27年	平成28年
全産業		119,576	118,157	119,535	116,311	117,910
業種別	製造業	28,291	27,077	27,452	26,391	26,454
	建設業	17,073	17,189	17,184	15,584	15,058
	陸上貨物運送事業	13,834	14,190	14,210	13,885	13,977
	小売業	13,099	12,808	13,365	13,030	13,444
	社会福祉施設	6,480	6,831	7,224	7,597	8,281
	飲食店	4,375	4,416	4,477	4,687	4,791
主な事故の型別	転倒	25,974	25,878	26,982	25,949	27,152
	墜落・転落	20,275	20,182	20,551	19,906	20,094
	動作の反動・無理な動作	14,191	13,914	14,191	14,420	15,081
	はさまれ・巻き込まれ	15,802	15,276	15,238	14,513	14,136
	交通事故（道路）	8,352	8,312	8,266	8,013	8,125
	切れ・こすれ	9,258	9,038	8,704	8,423	8,117

出典：厚生労働省「平成28年労働災害発生状況」平成29年5月19日

図表 1-12　社会福祉施設　死傷災害　事故型別内訳　　　　　　　　（人）

区　分		平成24年	平成25年	平成26年	平成27年	平成28年
主な事故の型別	動作の反動・無理な動作	2,235	2,338	2,457	2,576	2,793
	転倒	1,948	2,112	2,259	2,390	2,686
	墜落・転落	392	391	433	491	565
	交通事故（道路）	401	450	519	497	550
	激突	318	355	360	356	408
	その他	1,186	1,175	1,196	1,287	1,279
合　計		6,480	6,831	7,224	7,597	8,281

出典：厚生労働省「平成28年労働災害発生状況」平成29年5月19日

図表 1-13　社会福祉施設　死傷災害　事故型別比率

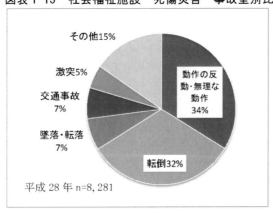

(2) 死傷災害の特徴

　社会福祉施設の事業場規模の死傷災害の発生状況推移は、図表 1-14 のとおりとなります。事業場規模すべてが増加傾向にありますが、事業場規模 10 人～29 人の比較的小規模の事業場が、前値比 12％と顕著に増加しています。

　同様に年齢別の死傷災害発生状況は図表 1-15 のとおりとなります。「60 歳以上」の従業者の死傷災害発生状況は平成 28 年で 2,241 人とここ数年間、顕著な増加傾向を示しており、事業場内でワースト 1 となる増加ペースです。人手不足から、元気な高齢者が従業者として求められ、高齢の従業者数が多くなっていくことが予想されるので、今後、高齢従業者の安全確保が大きな課題となってくることが考えられます。

　厚生労働省は、第 12 次労働災害防止計画（平成 25 年度～29 年度）で「介護機器の導入、腰痛健診の徹底、腰痛を起こさない介助法の指導などにより介護職員の腰痛を予防する」ことを重点対策としています。

　福祉施設の事業場においては、従業者が業務を行う場と、サービスを提供される利用者が時間を過ごす場において、かなりの部分が同一の場となっている特徴があります。このため、従業者への「転倒防止についての取組み」等については、同時に利用者への安全・安心の確保につながることにもなります。

　建設現場等の職場においては、ヒューマンエラーを含む顕在化した安全問題がすぐに従業者の生死と関わることもあり、職場や作業現場に潜んでいる危険を把握し未然に防ぐための活動が、危険予知活動（ＫＹ活動）として重要視され歴史があります。福祉施設の仕事においても、従業者の安全が確保されて、はじめて利用者の安全も確保されるという考え方が大切となると考えます。

図表 1-14　社会福祉施設の事業場規模別発生状況の推移

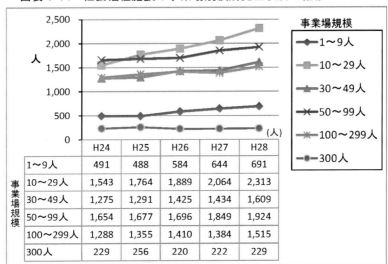

出典：厚生労働省「平成 28 年労働災害発生状況」平成 29 年 5 月 19 日

図表 1-15　社会福祉施設の年齢別発生状況の推移

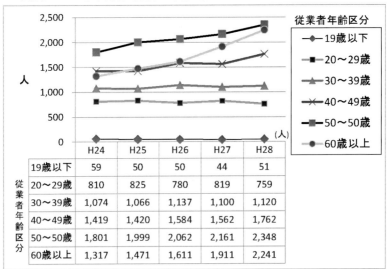

出典：厚生労働省「平成 28 年労働災害発生状況」平成 29 年 5 月 19 日

5．医療機関等における医療事故

医療機関等における医療行為に係る医療事故については、その定義が医療法や厚生労働省令でなされています。

(1) 事故の範囲

医療法は、病院等（病院、診療所、助産所）に勤務する医療従事者が、提供する医療に起因し、又は起因すると疑われる死亡又は死産において、当該病院等の管理者が、当該死亡又は死産を予期しなかったものを「医療事故」としています。医療法が示す医療事故の範囲の考え方を図表1-16に示します。

図表1-16　医療事故となる事象の定義

区　　　分	病院等の医療従事者が提供する医療に起因し、又は起因すると疑われる死亡又は死産	左記に該当しない死亡又は死産
病院等の管理者が当該死亡又は死産を予期しなかったもの（当該予期を上回るものを含む）	「医療事故」の対象となる事象	
病院等の管理者が当該死亡又は死産を予期しうるもの		

出典：医療法第6条の10から作成

さらに、そこにおける「医療」の内容について、詳しく厚生労働省令で示しています。当該病院等の管理者が、医療に起因し又は起因するものと判断した場合は、「治療」「検査等」以外に、「療養に関連するもの」「転倒・転落に関連するもの」「誤嚥に関連するもの」「患者の隔離・身体的拘束／身体抑制に関するもの」を「医療」に含めて医療事故として報告することができるようになっています。具体的な「医療」の内容について図表1-17に示します。

図表 1-17「医療に起因する（疑いを含む）」死亡又は死産の考え方

「医療」（下記に示す）に起因し、又は起因すると疑われる死亡又は死産（対象となるもの）	左記に含まれない死亡又は死産（対象にならないもの）
○ 診察 　- 徴候、症状に関連するもの ○ 検査等（経過観察を含む） 　- 検体検査に関連するもの 　- 生体検査に関連するもの 　- 診断穿刺・検体採取に関連するもの 　- 画像検査に関連するもの ○ 治療（経過観察を含む） 　- 投薬・注射（輸血含む）に関連するもの 　- リハビリテーションに関連するもの 　- 処置に関連するもの 　- 手術（分娩含む）に関連するもの 　- 麻酔に関連するもの 　- 放射線治療に関連するもの 　- 医療機器の使用に関連するもの ○ その他 以下のような事案については、管理者が医療に起因し、又は起因すると疑われるものと判断した場合 　- 療養に関連するもの 　- 転倒・転落に関連するもの 　- 誤嚥に関連するもの 　- 患者の隔離・身体的拘束／身体抑制に関連するもの	左記以外のもの <具体例> ○ 施設管理に関連するもの 　-火災等に関連するもの 　-地震や落雷等、天災によるもの 　-その他 ○ 併発症 （提供した医療に関連のない、偶発的に生じた疾患） ○ 原病の進行 ○ 自殺（本人の意図によるもの） ○ その他 　-院内で発生した殺人・傷害致死、等

出典：医療法及び「医療法施行規則の一部を改正する省令」（平成 27 年厚生労働省令第 100 号）

(2) 用語の定義

　厚生労働省のリスクマネージメントスタンダードマニュアル作成委員会が「リスクマネージメントマニュアル作成指針について（報告）」（2000 年 8 月 24 日）及び、厚生労働省「医療安全対策検討会議報告書」（平成 14 年 4 月 17 日）において、「医療事故」等の用語の定義を記述しています。

1) 医療事故

　医療に関わる場所で、医療の全過程において発生するすべての人身事故としています。患者が廊下で転倒し負傷した事例のように医療行為と直接関係しない場合、患者のみならずに注射針の誤刺のような医療従事者に被害が生じた場合も含み、かつ医療従事者の過誤、過失の有無を問わないものとしています。

2) 医療過誤

　医療事故の一類型であって、医療従事者が、医療の遂行において、医療的準則に違反して患者に被害を発生させた行為としています。医

療事故の発生原因において、医療機関・医療従事者に過失があるものをいいます。

3）ヒヤリ・ハット事例

患者に被害を及ぼすことはなかったが、日常診療の現場で、"ヒヤリ"とすることや、"ハッ"とした経験を有する事例をいいます。具体的には、ある医療行為が、①患者には実施されなかったが、仮に実施されたとすれば、何らかの被害が予測される場合、②患者には実施されたが、結果的に被害がなく、またその後の観察も不要であった場合等を指します。

4）アクシデントとインシデント

「アクシデント」は通常、医療事故に相当する用語として用いられます。「インシデント」は、日常診療の場で、誤った医療行為などが患者に実施される前に発見されたもの、あるいは、誤った医療行為などが実施されたが、結果として患者に影響を及ぼすに至らなかったものをいいます。同義として「ヒヤリ・ハット」を用いています。

以下に、厚生労働省の「リスクマネージメントマニュアル作成指針について（報告）」における当該用語の定義を記述している内容を示す。

---

1. 医療事故
    医療に関わる場所で、医療の全過程において発生するすべての人身事故で、以下の場合を含む。なお、医療従事者の過誤、過失の有無を問わない。
    ア 死亡、生命の危険、病状の悪化等の身体的被害及び苦痛、不安等の精神的被害が生じた場合。
    イ 患者が廊下で転倒し、負傷した事例のように、医療行為とは直接関係しない場合。
    ウ 患者についてだけでなく、注射針の誤刺のように、医療従事者に被害が生じた場合。
2. 医療過誤
    医療事故の一類型であって、医療従事者が、医療の遂行において、医療的準則に違反して患者に被害を発生させた行為。
3. ヒヤリ・ハット事例
    患者に被害を及ぼすことはなかったが、日常診療の現場で、"ヒヤリ"としたり、"ハッ"とした経験を有する事例。具体的には、ある医療行為が、
    ①患者には実施されなかったが、仮に実施されたとすれば、何らかの被害が予測される場合、
    ②患者には実施されたが、結果的に被害がなく、またその後の観察も不要であった場合等を指す。

出典：厚生労働省リスクマネージメントスタンダードマニュアル作成委員会
「リスクマネージメントマニュアル作成指針について（報告）」2000年8月24日

また、図表 1-18 に医療事故と医療過誤、インシデントの概念関係図を示します。

図表 1-18 医療事故と医療過誤、インシデント

区　分	医療に関わる場所での医療行為において患者又は医療従事者に被害を及ぼす事象（人身事故）	医療に関わる場所での医療行為において患者又は医療従事者に被害を及ぼさない事象
起因するものとして医療従事者に過失がない場合	アクシデント（医療事故）	インシデント（ヒヤリ・ハット）
起因するものとして医療従事者に過失がある場合	医療過誤	

出典：厚生労働省「リスクマネージメントマニュアル作成指針について（報告）」
　　　（2000 年 8 月 24 日）から作成

6．福祉施設の運営における事故

(1) 事故の定義

　福祉施設について「介護事故」ということが言われていますが、医療事故が厚生労働省等で定義されているのに反して、その定義はなされていません。介護保険者である市町等の行政機関は、福祉施設において高齢者向けの介護保険サービスを提供している介護保険事業者に対して事故報告を求めていますが、前1項に示したようにその事故の範囲も統一されていません。

　そこで、前2項で述べた「医療事故」についての定義を参考に、高齢者福祉施設を想定しその運営における事故について定義しておきたいと考えます。当該施設においてサービス提供を実施するのは、その従業者が当事者となるので、「従業者」を含めた定義とします。それは以下のとおりとなります。福祉施設における広義の「介護事故」といっても良いと考えます。

福祉施設の運営における事故の定義

　福祉サービス事業者が当該サービス提供に関わる場で、当該サービス提供、及びそれに付随する業務の全過程において、利用者・従業者に発生するすべての人身事故をいう。以下の場合を含むものとする。利用者、事業者・従業者の過失の有無を問わない。
① 死亡・負傷等の身体的被害、及び苦痛・不安等の精神的被害が生じた場合。
② 前①の可能性があった事故の場合。
③ 利用者が一人において事業所内廊下で転倒し負傷した事例のように、事業者の提供サービスとは直接関係しない場合。

　本書は、高齢者福祉施設における「事故」を防ぐことを目的としています。そのためには、いわゆる「ヒヤリ・ハット事例」を把握分析し対処していくことが有益となってきます。介護サービスについても、

ヒヤリ・ハット事例の定義はなされていません。『利用者に被害を及ぼすことはなかったが、日常のサービスの中で事業者が「ヒヤリ」としたり「ハッ」としたもの』という記述です。そこで、医療事故における定義を参考に、「ヒヤリ・ハット事例」についても、その定義をしておきます。それは以下のとおりとなります。

> **福祉施設の運営におけるヒヤリ・ハット事例の定義**
> 　利用者、又は従業者に被害を及ぼすことはなかったが、日常提供サービスを行う現場で、"ヒヤリ"としたり、"ハッ"とした経験を有する事例。具体的には、ある提供サービス行為が、
> ①利用者には実施されなかったが、仮に実施されたとすれば、何らかの被害が予測される場合、
> ②利用者には実施されたが、結果的に被害がなく、またその後の観察も不要であった場合等を指す。

(2) 事故の範囲

　利用者への適切なサービス提供が行われるためには、その当事者となる施設の従業者に関する視点を含めて考えることが大切となります。したがって、従業者に関わる労働災害事故を含めることとします。また、福祉施設の運営という視点からも、施設設備による人身事故を含めた、広義な事故の範囲を定めます。別な言い方をすると、労働災害による事故、自然災害による事故、「消費者等事故」に加えて精神的被害のところを含めた範囲となります。介護保険事業者が報告を求められる事故のところを含めた項目として示します。また、福祉施設においてかかりつけ医等が医療行為を実施する場合も想定し「医療事故」も含めておきます。それを図表1-19に示します。

図表1-19　福祉施設運営における事故

```
事故 ─┬─ 従業者に関わるもの ─┬─ 労働災害に関わる事故
      │                      └─ 法令違反・不祥事等の発生
      │
      └─ 利用者に関わるもの ─┬─ 財産的被害 ─┬─ 金銭等財産に関わる被害
                              │              └─ 個人情報保護等に関わる被害
                              │
                              ├─ 精神的被害 ─── 虐待・人権擁護等に関わる被害
                              │
                              └─ 生命・身体的被害 ─┬─ 身体・衛生管理に関わるもの ─┬─ 死亡事故
                                                    │                              ├─ 負傷
                                                    │                              ├─ 誤嚥
                                                    │                              ├─ 食中毒の発生
                                                    │                              ├─ 感染症の発生
                                                    │                              ├─ 誤与薬
                                                    │                              ├─ 医療事故
                                                    │                              ├─ 行方不明
                                                    │                              ├─ 交通事故
                                                    │                              └─ その他(利用者間トラブル等)
                                                    │
                                                    ├─ 施設・設備に起因するもの ─── 人的被害
                                                    │
                                                    ├─ 火災に起因するもの ─── 人的等被害
                                                    │
                                                    └─ 自然災害に起因するもの ─── 人的等被害
```

第2章
ヒューマンエラーとは

利用者に対してサービスを提供するにあたり、思わぬ手違いや予期しないことにより利用者に被害が生じる過程において、「人」が介在します。このため「事故」に関しては、ほとんどに「ヒューマンエラー」が関与しているといっても過言でありません。本章では、福祉施設でサービス提供が行われる場において、ヒューマンエラーが発生するにあたり、サービス提供をする人間そのものとその場の環境、並びに、ヒューマンエラーの発生の構造について理解をします。ヒューマンエラーの防止について検討する場合において、大切なところです。

１．人間の特性についての理解

　ヒューマンエラーに関係する人間の特性について述べます。

(1) 脳の働きの特徴

　人間の脳を原始脳（無意識の体の動き）、動物脳（経験による技）、人間脳（創造力の心）の３つに捉えた特徴を図表 2-1 に示します。

図表 2-1　人間脳を３つに分けて捉えた特徴

脳区分	原始脳	動物脳	人間脳
役割	欲求	感情	思考
動物性	動物的（本能的）	中間	人間的（理性的）
習熟度	高い （習熟し身についた動き）	中間 （模倣しながらまだ身についていない動き）	低い （初めてのことで試行錯誤している動き）
応用性	低い （慣れた範囲での行動）	中程度 （経験した範囲内での行動）	高い （創造力に富む行動）
自動化	全自動	半自動	非自動
処理	複数（余裕）	限定	単数（一点集中）
処理速度	速い	中間	遅い
意識	なし	中間	あり
疲労度	少ない	中間	大きい

出典：日本ヒューマンファクター研究所「品質とヒューマンファクター」2012 年

(2) 意識水準

橋本(2004)は、意識レベルを図表2-2のとおりに5つの段階分けにして示しました。意識レベルを無意識、失神状態のフェーズ0からパニック状態のフェーズⅣまで分類しています。フェーズⅢの時が、信頼性が最も高く現場作業において望ましい状態です。しかし、この状態は脳の疲労度が高く長続きは難しくなります。休息をとり適度に緩急をつけることが必要となります。また、適切な作業を行うためには、適度な睡眠と休息が必要です。逆に眠気があるときは、情報の処理能力、判断の処理能力が低下し、エラーが引き起こされやすくなります。

図表2-2 意識レベル

フェーズ	意識のモード	注意の作用	生理的状況	信頼性
フェーズ0	無意識、失神	ゼロ	睡眠、脳発作	ゼロ
フェーズⅠ	Subnormal 意識ボケ	inactive	疲労、単調、居眠り	≦0.9
フェーズⅡ	normal relaxed	Passive、心の内方に向かう	安息起居・休息時、定例作業時	0.99〜0.99999
フェーズⅢ	normal clear	Active、前向き、注意野も広い	積極活動期	0.99999≦
フェーズⅣ	Hyper-normal excited	一点に凝集、判断停止	緊急防衛反応、慌て、パニック	≦0.9

出典:橋本邦衛「安全人間工学」、中央労働災害防止協会、2004年

(3) 人間の基本的な行動特性

1) 人間の脳は、大切なことを処理できるのは一度に一つずつで重要なタスクを2つ3つ同時に処理することは不可能です。
2) 人間は常に最小のエネルギー消費で行動しようとします。
3) 人間の体は日中に強く夜間に弱くできています。夜明け前は意識レベルが極端に下がります。

4) 人間は基本的に自己中心で、自分の価値観で見たいものを見、聞きたいものを聞き、自分に都合よく判断し、行動します。
5) 注意は、
①選択性（選択的注意）があり、情報の中で、必要なもの、関心のあるものだけに注意を払います。
②容量があり、周りの状況により分割して注意を払います。
③注意は20～30分しか続けることはできません。
6) 近くにあるものをまとまって見る。不明確な情報やあいまいな情報を見ると脳で勝手に解釈します（思い込み）。
7) 正常性バイアス：予期せぬ異常や危険に対して、ある程度は正常であると判断する傾向にあります。
8) 認知的不協和：矛盾がある情報に接すると不安になり、その矛盾を自分なりに納得できる解釈をして安心する傾向があります。
9) イエス・テンデンシー：人は、理解したか否かの問いや、各種質問に対して、「はい」「分かりました」と答える傾向があります。分からないことや納得していないことに対して、はっきりと否定、あるいは反論する場合は少ないと思った方が良いです。
10) 記憶は時間の経過により忘却されます。記憶には短期記憶と長期記憶があり、短期記憶は長期記憶にならないと忘却されます。
11) 人間は、基本的に能動的で、
①中断したくない。一段落するまで継続したい。
②やり遂げたい。完成させたい。
③前進したい。後戻りしたくない。
12) 人間の思考形態には、以下の2種類があります。
①データ駆動型（直観的）：演繹的思考
②概念駆動型（熟慮型）：帰納的思考

(4) 集団の心理的特性
1) 権威勾配：権威を持っている人（上役等）から指示や命令されたりすると、反対意見を持っていても自分の意思に反して服従して

しまう傾向があります。
2) 同調行動：何人かの周囲の人が自分と違う意見を言うと、自分は違う意見を持っていても自分の意見を主張できなくなってしまう傾向があります。
3) 多数決意見の正当化：正しい小数意見があっても、多数の間違った意見が多数決で意思決定されると、多数の意見が正しいように思う傾向があります。
4) 社会的手抜き：自分１人だけなら当事者意識をもって対応しますが、何人かの他人がいると、「他の誰かがするだろう」と思って手抜きをする傾向にあります。
5) 集団浅慮：優秀な人などが集まると、自分たちは正しい判断力を有していると過信し誤った判断をしてしまう傾向があります。
6) 集団凝集性：集団内の人々は、自分の運命が集団の運命に依存していると気が付いたときなど集団凝集力が高まります。集団凝集性が高まると、それが集団メンバーへ圧力となり多様な意見が出にくくなり、適切な意思決定が実施できなくなる可能性があります。集団で間違った方向へ突き進む可能性があります。

(5) 加齢とともに低下する機能

若年層の従業者が人手不足で、採用が困難な状況で、高齢層の従業者数が、今後更に増加することが予想されます。前１章４項で示したように60歳以上の従業者の労働災害が大きく増加しています。加齢とともに低下していく機能があることに理解しておくことが必要です。

1) 低下する心身機能
様々な心身機能について、若年層（20〜24歳）の機能水準を100とした場合、高年齢者（55〜59歳）では、相対的にどのくらいになるかを図表2-3に示します。
・精神機能では記憶力や学習能力の低下が著しいこと。
・視力・聴力や目の薄明順応などの感覚機能と平衡機能の低下が著しいこと。

- 静止視力は、健常な日本人の場合平均で1.2、60歳代0.51、70歳代0.39、80歳代0.31と加齢とともに低下します。事業場内で使用する掲示物や書類については、大きな字かつ判別しやすい字体で作成する配慮が必要となります。
- 動態視力は、40歳代までは約0.8となりますが、46〜50歳以降は急激に低下し、71〜75歳では0.02程度となります。
- 速度に関係した運動機能で動作調節機能が低下すること、筋力では脚力の低下が大きいことの特徴があります。
- 分析及び判断力はそれほど大きな低下は見られません。
- 経験が活かされる仕事で、自己のペースで行える仕事なら高年齢者で十分な適応ができますが、瞬間的に情報を確認し、すばやい的確な動作を必要とする仕事には不利となるでしょう。能力の変化は、加齢に従い個人差が大きくなってくることを理解しておくことも必要です。

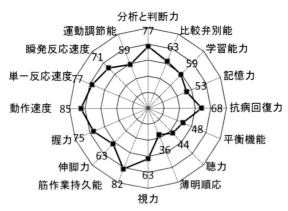

図表2-3　加齢に伴う心身機能の変化

20〜24歳の心身機能を100とする55〜59歳の各種機能の割合
出典：斉藤一,遠藤幸男著「高齢者の労働能力」(1980)から作成

2) 外界知覚に対しての適切な行動力の低下

　人は、環境を知覚してそれと自己の相互作用において行為を行う性質があります（アフォーダンス）。「ドアのノブがあれば、教えられなくてもそのノブを掴んでドアを開ける」「取扱説明書を見なくても、ボタンがあればそれを押してスイッチを入れる。（ボタンの長押し機能は経験で学んで行う行為）」「ある高さの柵があれば、一瞬、状況を見ただけでその高さを測らなくても、またげるか否か判断して、足を上げてまたぐ行為」などです。

　加齢によると、新しい機器の操作をマニュアルなしで取り扱う試行などの行為が苦手になってきます。また、自己の能力についての知覚が現実と乖離してきていることを認識できなくなってくる傾向があります。足が「もっと上がるはずだ」と跨げると思っても、現実には足が上がらずに跨げないことや、パッと見て持ち上げられる重さと思った荷物を持ち上げられないことなどです。特に、瞬時に動きながら視知覚情報により姿勢コントロールをすることや、バランス維持するような行為が難しくなってきます。

2．サービスを提供する利用者（高齢者）についての理解

　福祉施設のサービス提供対象者である高齢者に関して理解をしておきます。前１．(5)項の内容もあてはまりますが、事故の発生や、ヒューマンエラーに関係がありそうなところを付け加えて述べておきます。適切なサービスを提供する上でも必要な知識です。

(1) 老化と身体機能変化

1) 関節、骨の委縮、硬直、屈曲
　　・上肢・下肢の可動幅が縮小し、高所・狭所・側部・後部に手が届きにくくなります。視野が狭くなる、視点が低くなります。施設内などへの掲示物は、少し低いところに掲示することが適切な位置となります。
　　・骨がもろくなり、骨折しやすくなります。

2) 筋力の低下
・握力・脚力が低下し、物がつかめない、握れない。重いものを持てない、持ち上げられない。膝やつま先が上がらない、摺り足となります。筋肉量は、70歳代で20歳代の4割程度まで減少します。転倒し易くなります。噛む力が低下して、良く噛み下せなくなります。30歳～50歳代の中年期にあまり運動をしないと急激に筋力が減少する可能性があります。
3) 運動神経の低下
・敏捷性が低下し、とっさの動きで対応することや、動作速度の調節することがうまくいかずに転びやすくなります。
図表2-4に「心身に起因する転倒の危険因子」の一覧表を要因の区分毎に一覧表にしたものを参考に示します。

図表2-4 心身に起因する転倒の危険因子

要因の区分	内容
日常活動	運動不足による筋力低下、運動障害、耐久性や筋力の低下（廃用症候群疾患）
歩行バランス、身体能力	下肢反射低下、下肢関節弱化、歩行力低下、歩幅等の短縮化、平衡反応不良
感覚	視力低下、差違感受性低下、深度知覚低下、下肢感覚低下・過去の経験知覚と現能力との知覚差（前に出来ていたはずが、出来なくなってしまった等）
環境適応	不慣れな生活環境への適応不良（つまづき、ぶつかり）
服薬	各種疾病に伴う各種服薬、鎮痛薬、睡眠薬、抗不安薬、抗うつ薬等の服用
医学的疾患	骨関節疾患、脳卒中、パーキンソン病、認知症、起立性低血圧、神経疾患

(2) 老化と生理機能変化

加齢に伴い低下する主な生理機能の様子を図表2-5に参考に示す。
1) 中枢神経の加齢変化
・脳、脊髄機能が個人差はあるものの低下してきます。単純な物忘れが多くなります。

2) 自律神経の加齢変化
    ・自律神経が不調をきたし、起立性低血圧（たちくらみ）を引き起こします。
3) 消化機能の加齢変化
    ・唾液分泌が低下するとともに、嚥下反射が不調になり誤嚥を起こしやすくなります。
    ・小腸の蠕動が弱くなり、弛緩性便秘をきたしやすくなります。
4) 心肺機能の加齢変化
    ・肺活量は低下して、息切れを起こしやすくなります。後期高齢者における肺活量は若年者の半分まで落ちるとされています。呼吸器で分泌物の排出機能が低下し、誤嚥性肺炎が発生しやすくなります。

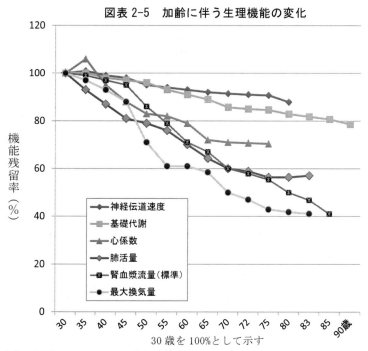

図表 2-5　加齢に伴う生理機能の変化

出典：N.W.ショック、1977 より抜粋作成

(3) 老化と感覚機能変化

1) 平衡感覚の低下
   - 平衡感覚が衰え、姿勢を保持しにくく、転倒しやすくなります。

2) 視力・色覚の低下
   - 加齢にともない、明るくしないと文字が読みにくくなります。20歳を基準にすると、60歳で2.5倍の明るさ、80歳で3～4倍の明るさが必要となってきます。
   - 老眼で近くのものが見えにくくなったり、白内障でものが二重に見えたりまぶしくなったり、緑内障で視野が欠けたりします。
   - 色覚において、青や紺、青紫系の色が見分け難くなります。ガスレンジのガスの炎の大きさが小さく見え、着衣に着火する事故があります。暗い所に階段での最後の一段が見えずに踏み外すことがあります。視界が、黄色がかるため、明るいところで白と黄色系の色、青と茶色、水色とベージュといった「明るい色どうし」「暗い色どうし」の色の組み合わせが見分け難くなります。

3) 聴覚の低下
   - 耳の組織の委縮や変性により、聴力は高音部から低下していき、徐々に人の会話の周波数部分も低下していきます。母音は聞き易いが、さ行、は行、か行などの子音が聞き難くなり、更に、人の会話も聞き難くなってきます。音を聞き分ける能力も低下してきて、会話の内容を聞き取れないようになってきます。いわゆる「加齢性難聴」で、加齢に伴い誰でも起こる可能性があり、50歳頃から始まり65歳をこえると急に増加するといわれています。

4) 嗅覚の低下
   - 70代で嗅覚は鈍くなり、80代になると大幅に落ちてきます。嗅覚が落ちてくると、腐敗やガス漏れ、汚物などの匂いに気付きにくくなり、食中毒などの衛生面や安全面で事故になる可能性があります。

5) 味覚の低下
   - 風味を味わうことが難しくなり、食欲がなくなってきて栄養不足になることがあります。塩味、苦味、酸味が衰えてきます。アルツハイマー病患者は、甘味・塩辛味・苦味を感じづらくなってくることが言われています。
6) 触覚の低下
   - 糖尿病などの影響で、触覚が低下して、やけどなどの危険察知の遅れ、スイッチなどの操作感、細かな器用な操作が難しくなります。
7) 温感の低下
   - 温覚、冷覚とも感受性は加齢とともに悪くなります。足部の暖房による低温やけど、入浴中のやけどをきたすことがあります。暑さを感じにくくなり熱中症に罹患しやすくなります。

(4) 老化と神経機能等の変化

1) 思考力、判断力の低下
   - 判断力は脳の前頭葉を使って機能します。前頭葉は、病気や外傷、加齢による脳の老化などにより前頭葉の機能が低下することがあります。この機能低下により柔軟性や判断力が衰えます。
   - 高齢者の認知機能は、思考や判断のスピードは落ちるものの、十分な時間があれば意味や内容を考える力は維持されます。
   - 新しい記憶は、いったん脳の海馬に短期記憶として整理保管されてから、長期記憶の保存先の大脳皮質に保存されます。短期記憶は加齢とともに徐々に低下してきます。長期記憶は中年以降も保持されますが、エピソード記憶(出来事や生活体験の記憶)が衰えてきます。
   - アルツハイマー型認知症、脳血管性認知症の症状として記憶障害が発生します。
   - 個人差が顕著になります。

2) 注意力の低下
　　・「注意を払う」とは、脳の情報処理能力には限界があるので、処理する必要のない情報についての処理を抑制すると同時に、注意力をする対象に対して選択的注意をする必要があります。加齢により、２つのことを同時に行う能力が低下するので、集中し注意力を発揮しにくくなってきます。
3) 情緒コントロールが不安定
　　・感情は脳の前頭葉を使って機能します。加齢によって脳が委縮しますが、前頭葉が最も早く委縮します。委縮すると、怒りが収まらない、意欲がわかない、柔軟性がなくなるといような症状がでてきます。
4) 環境適応力の低下
　　・新たな状況に適応するために学習する「流動性知能」は、30歳代から徐々に低下してきますが、60歳ごろを境に顕著に低下します。過去の知識や経験に基づいて問題に対応する「結晶性知能」も加齢によって緩やかに下降を示しますものの、70歳前後までむしろ高まることがあります。高齢になると自らの過去の知識・経験から物事を判断したり、理解したりすることを尊重する傾向　があります。

3．ヒューマンエラーの定義

(1) ヒューマンエラーの位置づけ

　ヒューマンエラーという言葉は良く聞く言葉と思います。ヒューマンエラーによる事故を人為事故と言ったりします。「ヒヤリ・ハット事例」や「イタズラ」などと、良く聞く類似の言葉で表現されるものについての概念の違いを、マッピングにより大きな括りで典型的に表してみると図表 2-6 のとおりとなります。

図表 2-6　ヒューマンエラーの領域マップ

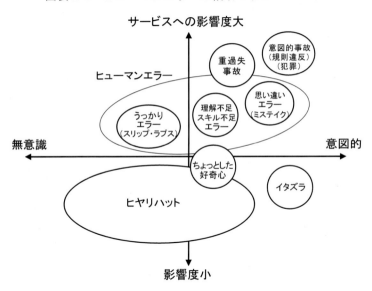

　縦軸に利用者へ提供している「サービスの影響度」、横軸に「意図的に行った行為か否か」を表します。横軸の上方に位置する第一象限と第二象限のところはサービスに悪影響を与える領域、横軸の下方の第三象限と第四象限のところはサービスに悪影響を与えない領域を意味しています。意図的にサービスへ影響を与える行動の最たるものとして「意図的事故」があります。意図的に規則違反を行うものや犯罪などが該当します。利用者への虐待行為や暴力行為などが該当します。

広い意味では利用者への人権侵害行為も含むと考えます。人的な視点では、故意に準じる行為として過失度が重い「重過失事故」があり、重大事故に位置します。そして重大事故に該当しない軽微な事故のほとんどは、「思い違いによる事故」「スキル不足による事故」「うっかりによる事故」などのヒューマンエラーによる事故といえます。

　意図的な行為として「イタズラ」や「ちょっとした好奇心」による行為は、普通はサービスに影響を来たさないものですが、悪くすると大きな事故になるケースもあります。サービスに影響を来たさないものとして「ヒヤリ・ハット事象」があります。虐待行為や人権侵害行為を防ぐためには、「もうちょっとで虐待行為を行いそうだった」「職場において見ていて気になった行為」などの事例についても「ヒヤリ・ハット事例」の対象に含めて事業所内活動を行った方が良いと考えます。ヒューマンエラーの詳しい分類内容などについては、後の4項で述べます。

(2) 定義

　ヒューマンエラーの定義は、いろいろな表現がありますので紹介しておきます。

　日本の国家標準のJISにおいて、「ヒューマンエラーとは、意図しない結果を生じる人間行為」（JIS Z 8115:2000）と定義しています。国際標準のISO9001:2015年版において、新たに「ヒューマンエラーの防止措置（項番8.5.5（製造及びサービス提供の管理）」が要求事項として定められました。

　ジェームズ・リーズンは「エラーとは、計画した一連の心理的活動または身体的活動が意図した結果を達成することができず、かつこれらの失敗を何らかの偶然の作用の介入に帰することができない場合を包含する総称的な用語」としています。

　日本ヒューマンファクター研究所では、「ヒューマンエラーとは、達成しようとした目標から、意図とは異なって逸脱することとなった期待に反した人間の行動である。」としています。

4．ヒューマンエラーの分類

　ヒューマンエラーの分類については、いろいろな視点で分類されています。個人の行為に着目した分類が多いですが、本書では「組織」に着目した分類についても言及したいと考えます。また、ヒューマンエラーには、一定の確率で生じる偶発的なエラーとそうでない何らかの原因があるエラーが存在します。本書では、エラーを防止する取り組みを考えるので後者の「何らかの原因があるエラー」を対象とします。
　以下、いくつかの視点によるエラー分類について記述します。

(1) 行為に着目したエラーの分類
　ある行為が、行為の意図とはズレてしまったときにエラーとなることをいいます。
　①オミッション（Omission;省略）エラー
　　やるべきことをやらない、操作の抜けや忘れによるもの。
　②コミッション（Commission;実行）エラー
　　実施したが誤った行為をしてしまうエラーをいいます。
　　A．不適切な行為・行動をしてしまう
　　・割り込み：望んでいない、意図しない行為の出現でたいていの場合は他の行動の一部分です。
　　・反復：既に実行された不必要な行為が繰り返される。
　　・対象間違い：正しい行為が実行されるが、対象が間違っている。
　　・混合：別々の目標のための2つの一連の行為が、意図せずに混ざり合う。
　　B．選択の誤り：正しい行為が実行されるが選択が間違っている。
　　C．順序エラー：正しい行為が実行されるが順序が間違っている。
　　D．タイミング誤り（時間ズレ）：正しい行為が実行されるが、タイミングが間違っている。

(2) 状況に着目したエラーの分類
エラーが起きるきっかけに心理的状況などが影響してきます。
① 尚早エラーと固執エラー
　尚早エラーは、後に行う予定の行為を当該予定の状況が似ているのでその行為を時期尚早であるが行ってしまうこと。固執エラーは、過去の不適切な行為をそのまま繰り返すこと。
② プライミング・エラー
　似た音などの繰り返すプライミング効果（一度受けた刺激が後に受ける刺激に影響すること）によって、人にエラーを起こさせること。
③ 中断エラーと外乱エラー（位置喪失エラー）
　予定外の行為中断の後に、元の作業に戻る時、実際と違うところから行為をスタートさせること。注意の中断で起こります。
④ ストレスエラー
　疲労、恐れ、暑さ、騒音などの作業現場におけるストレスによりエラーが引き起こされること。

(3) 結果に着目したエラーの分類
エラーの結果が引き起こす良くないことが、サービス等への影響の重要性により分類します。
① フリーレッスン
　取るに足らない不安全行動で、良くない結果に至らなかったが、異なる状況であれば良くない結果になったかも知れない事象。個人や組織にとって学習の機会に寄与する可能性がある事象をいう。
② イクシーダンス（Exceedance）
　人間の行為が安全限界ギリギリまで逸脱し、場合によってはエラーいえるが必ずしもエラーでない事象。当該逸脱は事故発生の要素となる。
③ インシデント（Incident）（ヒヤリ・ハット）
　危機一髪の事象で、重大な事故になることを運よく回避できた事

象、事故の防止に役立つために報告に値するもの。ヒヤリ・ハットともいわれます。
④事故（アクシデント：Accident）
死傷者が出る、もしくは資産の損害を生じるような重大な良くない結果をもたらす事象をいう。

(4) 不安全行動に着目したエラーの分類

　意図しない行為（行動）、あるいは意図した行為で分類します。意図しないエラーとは、当該行為が目的を達成せず、意図しない結果が得られることを意味します。ジェームズ・リーズンが分類した、4種類のエラーを以下に示すとともに図表2-7にそのチャートを示します。
　スリップとラプスは、実行された行動が意図された行動どおりに進まないこと。ミステイクは意図が適切でなく、意図した行動が望んだ結果を達成できないことをいいます。
①スリップ（不適切な注意、しくじり）
　意図と反する行為を、自動的、あるいは無意識に行ってしまい意図しない結果に至っていること。見過ごし、注意の失敗、順番違い、タイミング間違い。
②ラプス（不適切な記憶、手抜かり）
　意図と反する行為を、行為の途中で行為に必要な情報を失念し意図しない結果に至ること。計画したことを忘れる、意図を忘れる、場所を間違える。ラプスはスリップよりも目に見えにくい。
③規則に基づくミステイク（間違い）
　意図的な行為で、規則の適応において、正しい規則を間違って適応してしまう、あるいは間違った規則を適応してしまう間違い。
④知識に基づくミステイク（間違い）
　意図的な行為で、知識の適応において、正しい知識を間違って適応してしまう、あるいは間違った知識を適応してしまう間違い。知識不足も含まれます。

図表 2-7　不安全行動の分類とエラー

```
                    基本的な
                    エラータイプ
                                         注意不足/過剰
                    不適切な注意      →  ・見過ごし、介入し忘れ
                    （スリップ）         ・注意の失敗
         意図しない行動                   ・順番違い、タイミング間違い

                                         記憶違い
                    不適切な記憶      →  ・計画した項目のし忘れ
                    （ラプス）            ・意図を忘れる
不安全な行動                              ・場所の間違い
                                         ・どこをやっているかの忘れ

                                         規則に基づくミステイク
                                      →  ・正しい規則の適応違い
                    間違い                ・間違った規則の適応
                    （ミステイク）
                    （違法性認識なし）   知識に基づくミステイク
         意図的行動                    →  ・正しい知識の適応違い
                                         ・知識不足による間違い
                                         ・間違った知識の適応
                                         ・様々な考え違い

                                      →  日常的規則違反
                    規則違反
                    （バイオレーション）→  例外的規則違反
                    （違法性認識あり）
                                      →  破壊行為
```

出典：James Reason（1990）.

（5）組織に着目したエラーの分類

　個人的な要因によるヒューマンエラーの他に、組織に起因する要因で起こるヒューマンエラーがあります。作業に従事している個人の問題でなく、組織としての仕事のやり方や行動規範に問題があることによって事故が発生する場合があります。

1）チームによるエラー

　　　一人で従事する場合は、それなりに手順を考え、注意を払い、責任をもって判断し行動します。複数の従業者によるチームで業務を実施する場合は、作業効率は上がりますが、従業者間の協働

作業となる相互関係の中で、エラーが発生するリスクが生じます。
- チームのメンバー間同志のコミュニケーションに関わるエラー。
- メンバー間の人間関係による適切な情報を伝達できないことによるエラー。上司と部下、本部と現場事業所などの関係において権威勾配がある場合、部下が上司に対して、あるいは現場事業所から本部に対して「気になったこと」「反対の意見」などを言えないことで適切な情報が伝達できずにエラーが発生するケースです。事故が発生してから後になって、「あの時、おかしいと思った」「間違ったやり方でやろうとしていたのではと思ったが、指摘しなかった。」などのことが聞かれることがあります。
- 業務の役割分担指示が、従業者個人の力量に適切に合ったものでなかったことによりエラーが発生します。
- 重要な作業であるにも関わらずに作業手順等のマニュアルが定めていないため、作業内容が従業者個人の裁量に任される部分で不具合を生じエラーが発生します。

2) **組織の経営方針・企業文化によるエラー**
- トップの経営方針等が従業者等の意思決定、判断などに影響を与えることによるエラー。
- 組織内の従業者に対する業績評価基準が重要視しないことを、軽視しておろそかになりエラーが発生するケース。
- 重要な内容がマニュアル等に定めていないことによるエラー。
- 会社など組織全体が外部の意見を尊重せずに、自分たちのやり方がベストと思いこむことによりエラーが発生するケース。
- 組織内もしくは同業他社のエラーや事故事例を学習せずに、同様なエラーや事故を再発させてしまうケース。
- 会社全体、あるいは事業場全体で醸成される安全文化、あるいは価値観が従業者個人の行動に影響を与えることによるエラー。なお、「安全文化」については後述の第 3 章 6.(3)項で詳しく述べます。

(6) 福祉施設のヒューマンエラーの分類体系
1) 広義のヒューマンエラーの範囲
　一般的な広義のヒューマンエラーの範囲について整理し図示したものを図表 2-8 に示します。

図表 2-8　広義のヒューマンエラーの範囲

要因の分類	説明	行動	基本的なエラータイプ	具体例
偶発的エラー	一定の頻度で偶然発生する。減少させることが出来ない。			
人間の能力を超える行為	動作能力、生理特性、心理特性等の能力を超える行為			
要因があるエラー（エラーの発生において何らかの要因があるもの。減少させる可能性があるもの。）	個人に起因するエラー → 不安全な行動	意図しない行動	不適切な注意（スリップ）	注意不足/過剰・見過ごし、介入し忘れ・注意の失敗・順番違い・タイミング間違い
			不適切な記憶（ラプス）	記憶違い・計画した項目のし忘れ・意図を忘れる・場所の間違い・どこをしているか忘れる
		意図的行動	間違い（ミステイク）（違法性認識なし）	規則に基づくミステイク・正しい規則の適応違い・間違った規則の適応
				知識に基づくミステイク・正しい知識の適応違い・知識不足による間違い・間違った知識の適応・様々な考え違い
	組織に起因するエラー（エラーの発生において組織的背景の要因があるもの）	チームに起因するエラー	規則違反（バイオレーション）（違法性認識あり）	日常的規則違反／例外的規則違反／破壊行為
		経営方針等に起因するエラー	リスク選択行動（違法性認識なし）	

出典：James Reason (1990). に加筆

2) 福祉施設におけるヒューマンエラーの範囲
　高齢者福祉等の施設における、広義の具体的なヒューマンエラーの範囲について図示したものを図表 2-9 に示します。大きくは、利用者に起因するものと、事業者に起因するものとでの切り口で分類しています。

図表 2-9　福祉施設におけるヒューマンエラーの範囲

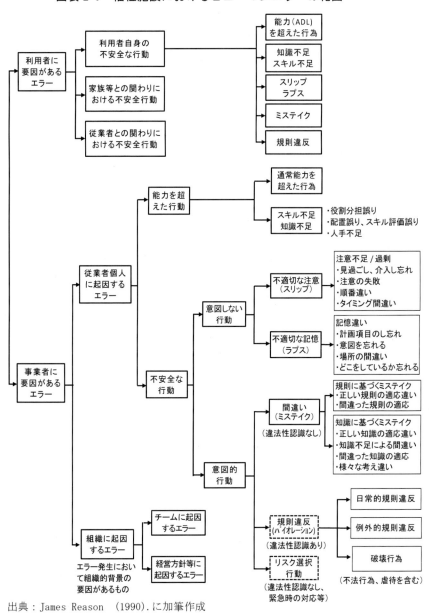

出典：James Reason（1990）.に加筆作成

第3章
ヒューマンエラーの防止

主な事故の80%から90%がヒューマンエラーによって起こるということがいわれています。そして、事故としてのヒューマンエラーを考える場合、事故発生に関与した従業者個人だけについて着目してはいけません。ヒューマンエラーを起こした従業者個人の責任追及で終わってしまう可能性があります。ヒューマンエラーの直接的原因を把握し、対処療法的に表面的に捉え、それを減らす取り組みを行うだけではヒューマンエラーを防止する活動にはなりません。ヒヤリ・ハット事例まで幅広く検討の対象とし、かつ根本的原因まで深く掘り下げることが必要です。そして個人の問題としてだけでなく、職場の作業現場要因、および、事業所や会社など安全文化などの経営方針まで幅広いことまで着目し、組織のエラーとしてヒューマンエラーを減らす取り組みが重要と考えます。

　サービス品質や安全については、それに関与する人間の能力に大きく依存します。人間の様相をとらえるものとして「ヒューマンファクター」という概念があります。「人的要因」と訳されることもありますが、「人間の能力、限界あるいは特性、および総合的知見などを包含した概念（日本ヒューマンファクター研究所）」のことです。ヒューマンエラーの根本的な原因を把握するとともに再発防止策を検討する上で有効な概念です。そのヒューマンファクターモデルとして、本章では「m－SHELモデル」と「4M手法モデル」について紹介します。

1．ヒューマンエラーの背景

(1) ハインリッヒの法則

　米国のハインリッヒ（Herbert William Heinrich：1886～1962）が、膨大な事故事例を統計学的にまとめた結果得た、事故・災害の発生重要度別比率「1：29：300」という比率をハインリッヒの法則といいます。その内容とは、1件の重大な事故・災害（重傷者以上が出る程の事故）が発生した場合、29件の軽微な事故・災害（軽傷者が出る程の事故）が既に発生しており、さらに事故にはならないものの事故

寸前のヒヤリとした体験やハッとした体験が300件あるとのことをいっています。

それだけでなく、それらが発生する事象の下には、おそらく数千に達すると思われるだけの不安全行動と不安全状態が存在することが指摘されています。したがって、ハインリッヒの法則から解釈すると、ヒューマンエラー防止のためには、事故の発生の背景として存在する、日常行動における、いわゆる「ヒヤリ・ハット事例」を認識し、当該事例が発生しないように取り組むことが大切であることを意味しています。ハインリッヒの法則の内容をイメージしたものを図表3-1に示します。

図表3-1 ハインリッヒの法則

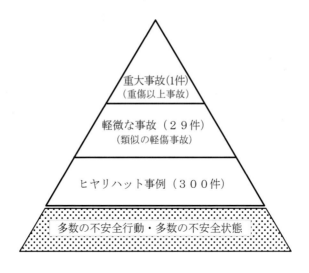

(2) 事故に至るプロセス（スイスチーズモデル）

事故が発生するプロセスを理解するうえで、リーズン（Reason, 1990）が提唱したスイスチーズモデルがあります。図表3-2に示します。

潜在的危険に対して、いくつかの層となる防護層で事故に至らないようになっています。チーズのスライス層に見立てた防護層には、潜在的状況要因（安全を軽視する雰囲気等が潜在的に存在するものなど。

状況要因とは、原因ではないが、原因がその影響を発揮するうえで必要となるもの）により長い時間空いた穴と、不安全行動などによる即発的エラーによる短時間に突発的に出現する穴が生成します。そして常にその穴は、小さくなったり大きくなったり、閉じたり開いたりし、かつ位置も絶えず揺れ動いています。すべての防護層などの穴が一直線に並んで穴が貫通した時、事故が発生するという考えです。

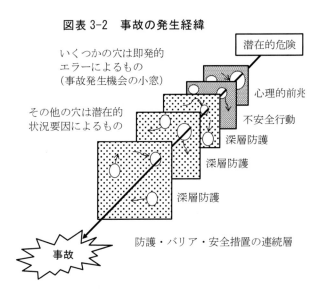

図表3-2　事故の発生経緯

　事故を防ぐためには、①潜在的に存在する穴を小さくすることや穴をふさぐ取り組み、およびヒューマンエラー等事故につながる不安全行動をなくして突発的に出現する穴が出来ないような取り組み、あるいは②効果的な防護層を新たに設けることが必要となってきます。穴の有無を常に監視していることも必要です。事故が発生した場合には、事故発生の直近の防護層における当該穴をふさぐ取り組みだけに注力するのだけでは、事故発生の再発防止の取り組みにならないことを意味しています。また、スイスチーズモデルは、事故やエラーなどの事象が起こるのは単一の機能が損なわれてのためでなく、不幸にもいくつかの条件が重なるためであるということを表しています。

(3) 組織的な視点による事故の発生

　事故としてのヒューマンエラーを考えると、事故発生に関与した従業者個人だけについて着目してはいけません。下手をするとヒューマンエラーを起こした従業者個人責任の追及で終わってしまいます。不都合として発生したヒューマンエラーによる事故を対処療法的に、表面的に分析し、再発を防止する取り組みだけで終わらせてはだめです。誰でもヒューマンエラーをしてしまうという前提で考えることが大切です。ヒヤリ・ハット事例についても深く掘り下げ、かつ、個人の問題としてだけなく、職場の作業現場要因、および、事業所や会社など安全文化などの経営方針まで幅広い環境要因まで着目して、ヒューマンエラーを減らす取り組みをすることが重要と考えます。それぞれの従業者は、悪意でなく善意で努力した結果としてヒューマンエラーを発生させます。いろいろな問題が多面的に潜在しているはずです。

　図表3-3に「組織事故の進展および調査の過程」をイメージしたものを示します。上部の長方形は、事故が発生した場合の事象の主な要素を示しています。三角形は、事象が作り出される連続した順番を示しています。従業員等個人の「不安全行為」については、単に個別事象としてのみ位置づけて扱うのでなく、背景として「組織要因」が根底に存在し、さらに、当該従業者が仕事をする「場」(現場)の当該「作業環境要因」をベースとして、当該「不安全行為」が生じて事故が発生しているという構図を表しています。いったん事故が発生して原因分析などの事故調査を行う場合は、逆の手順で直接的な原因である当該「不安全行為」から始まって、「局所的な作業環境要因」、次に「組織要因」まで掘り下げて、調査を実施することが役立ちます。すなわち、事故発生の要因には、何らかの「組織要因」との因果関係が存在するという見方をすることが有効と考えることです。

　そして、営利事業を遂行する組織内の「事故」には、生産性の追求（効率性や従業者の立場による都合を含む）と安全性の確保（利用者の立場によるＱＯＬ維持を含む）というトレードオフの関係にある２つの要素が組織要因として存在するのが実態と考えます。現場の人手不

足の状況にある中で、この2つの要素をバランスさせて実現する対策を講じる必要があります。図表3-4にその関係を示します。

図表3-3　組織事故の進展および調査の過程

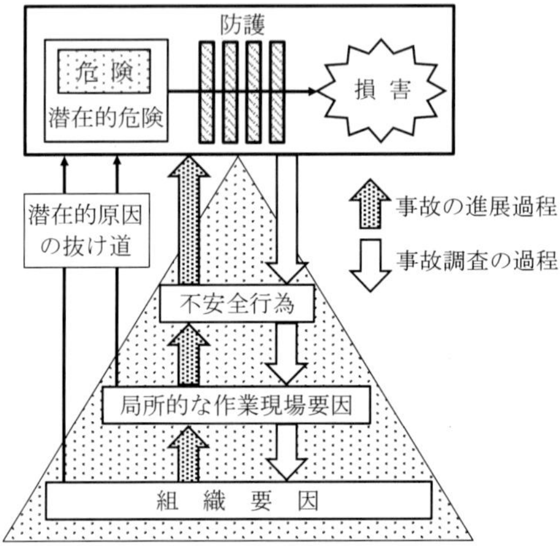

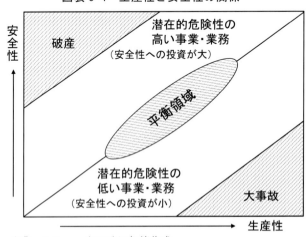

出典：J. Reason (1997)

図表3-4　生産性と安全性の関係

出典：J. Reason(1997)に加筆作成

2．ヒューマンエラー発生要因と人間の行動モデル

ヒューマンエラーによる事故の事故分析、あるいは事故発生を未然に防ぐための検討が必要となってきます。その際、人間の行動モデルにおいてヒューマンエラーの発生要因を理解しておくことが役立つので本項において各種行動モデルについて述べておきます。

(1) 人間の認知情報処理過程モデル

人間が刺激を知覚して行動を起こすまでについて、情報処理過程モデルとして捉えます。それぞれの処理過程おける行為を行ううえで、前述した不安全行動によるエラーをはじめとする様々なヒューマンエラーが生じる可能性があります。

1) 認知階層モデル

人間の行動を認知階層に分けて分析する手法です。ラスムッセンの3つの階層（レベル）に分けたSRK(Skill、Rule、Knowledge)モデルを図表3-5に示します。

図表3-5 人間の行為のSRKモデル

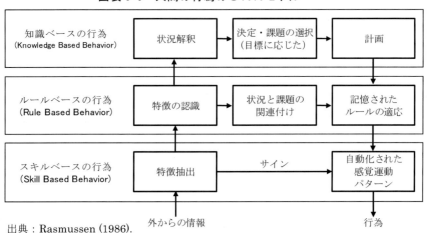

出典：Rasmussen (1986).

それぞれのレベルの行為を以下に説明します。
① 下位レベル：ＳＢ（Skill Based Behavior）
- スキルベース、熟練・習熟ベースの行動、慣れている場合の行動。あるいは条件反射的習慣行動。図表2-1に示した「原始脳」に対応します。日常、繰り返し行われるような行動で、ほとんど無意識に自動的に行われ、記憶や知識と照合して行動を決定するというような過程を必要としません。認知負担が少ないので他のことを考えながらでもすることができます。

② 中位レベル：ＲＢ（Rule Based Behavior）
- ルール（規則）ベースの行動、経験がある場合や模倣による行動。図表2-1に示した「動物脳」に対応します。反射操作レベルほどではないが、比較的慣れた作業で、身についた習慣、規則などに従って行われる行動です。自分の記憶、知識と照合するため、正確に処理するにはスキルベースより時間を要することになります。

③ 上位レベル：ＫＢ（Knowledge Based Behavior）
- ナレッジ（知識）ベースの行動。初めての場合の行動で、通常経験しない事態に対する行動。図表2-1に示した「人間脳」に対応します。異常事態や緊急時など、自分の知識あるいは、新たに調査して必要な情報取得を行って問題解決しなければならない場合のような行動です。ルールベースよりさらに処理時間を要します。

スキルベースの行為、ルールベースの行為および知識ベースの行為について、横軸に認知コントロールモードと、縦軸に定常的か否かなどの状況としてマッピングにしたものを図表3-6に示します。

新しい問題に直面するような状況では、知識（ナレッジ）ベースの行動となり、意識的なコントロールモードのもとでありますが、試行錯誤などゼロから答えを見つけなければならずになりエラーが起きやすくなります。定常的な業務の状況では、意識的に払う「注意」は少なくなり、無意識的にあらかじめ決まった方法で行動することが出来

ますが、「ついうっかり」といったエラーが発生します。これらの中間的な行動として、ルールベースの行動があります。経験や訓練で既知の状況であり、手順書や経験で習得した何らかの準備された行動における答えを持っています。この行動においては、①正しいルールを誤って適応する、②不適切なルールを適応する、③適切なルールを適応し損なう、という3つのエラーが発生します。

図表3-6　行動の3つのレベル

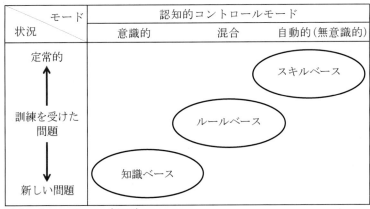

出典：James Reason(2008)

2) 認知情報処理過程モデル

人間が行動することについて、認知心理的視点により情報処理の過程に示すと図表3-7のとおりとなります。①外部情報を得る過程で情報の誤り、伝達もれ、②感知・知覚・認識の過程で認知の誤り、認知もれ、確認ミス、③判断・意思決定の過程で判断ミス、決定ミス、④動作計画・活動の過程で操作ミス、動作ミス、⑤活動結果・評価の過程で評価把握ミス、評価ミスなどのエラーが発生する可能性があります。

図表 3-7 認知情報処理過程モデル

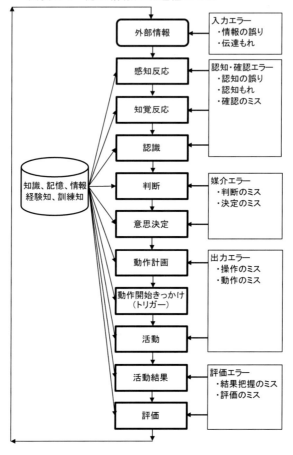

(2) サービス提供業務の場における全体システムモデル

　従業者が利用者へ対してサービス提供を実施することについて、全体をシステムとして捉えたモデルです。福祉器具等の機械を使用する場合も含めて表現しています。従業者が、サービスを実施する際に、必要な情報を把握(入力)して、判断し、行動(出力)し、評価(自分が提供したサービス品質が利用者の相手にとって適切であったか否か)します。当該従業者は他の専門家等を含めた従業者と連携することが必

須です。それぞれのプロセスにおいてエラーが発生する可能性があります。また、サービス対象の利用者の状況が時系列的に変化していくことと、日々の状況で変化することを認識し対応することが大切となります。その認識力がないと事故を発生させる原因となります。

その全体のシステム図を図表3-8に示します。従業者、専門家等の関係者、および利用者が関わる活動は、そのサービス提供に関わる前提条件・環境条件の制約により影響されます。

図表3-8 サービス提供の場のシステムモデル

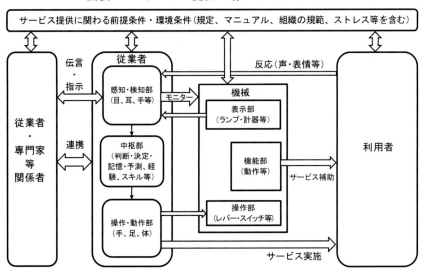

(3) m−SHELモデル

航空業界では、ヒューマンエラーなどヒューマンファクターに起因する事故やインシデント（軽微な傷害や損害を伴う事象）を分析する標準的手法として国際的にSHELモデルが用いられています。

1) モデルの概要

SHELモデルは、Lのliveware(人間)を中心に、Sのsoftware(ソフトウエア)、Hのhardware(ハードウエア)、Eのenvironment(環境)、

およびLのliveware(周りの他の人間)が周りを取り囲むという形に作られています。その後、このモデルでそれぞれに含まれているマネジメントを独立した構成要素としてmのmanagement(管理)を付加した「m－SHELモデル」を東京電力原子力研究所の河野(1994)らが提案したモデルです。電力業界で広く使われています。図表3-9にそれを示します。

図表3-9　m－SHELモデル

L:Liveware（人間、中心のL）
S:Software(ソフトウエア)
H:Hardware（ハードウエア）
E:Environment（環境）
L:Liveware(周りの人たち)
m:Management(管理)

出典：河野 2006

　mが各要素の外側にあるのは、「マネジメントはすべての基盤である」との考えに基づいています。周囲を回っているのは全体のバランスを考慮し、各要素間の関係を最適なものにする役割をはたしていることを意味しています。
　このモデルのポイントは2つあります。一つは中心に人間（L）を置いていることです。もう一つは、それぞれの要素の周辺が波線で表現されていることです。この波線はそれぞれの要素の特性や限界を表しています。中心のLとその周りの各要素の波線が合っていない場合、人間と周りの要素の特性がうまくかみ合っていないことを示し、その結果、ヒューマンエラーが引き起こされ易くなることを意味しています。
　各要素について以下説明します。①本人である真ん中のLは、身体的状況、心理的・精神的状況、能力（技能・知識）等、②ソフトウエアのSは、マニュアル、手順書、教育・訓練用教材等、③ハードウエアのHは、マンマシン・インタフェース、機械・器具、装置等の設計、配置等、

④環境のEは、作業環境（温湿度、照明、騒音等）、作業特性（緊急作業等）、雰囲気等社会的環境等、⑤周りの人のLは、コミュニケーション、リーダーシップ、チームワーク 等、⑥管理のmは、組織・管理・体制、職場の雰囲気、風土、安全文化の醸成、管理的要素等、を意味しています。これらを一覧にしたものを図表3-10に示します。

図表 3-10　m－SHEL モデルの各要素の例示内容

要　素	例　示　内　容
L：Liveware （真ん中のL、本人）	身体的状況、心理的・精神的状況、能力（技能・知識）等
H：Hardware （ハードウエア）	マンマシン・インタフェース、機械・器具、装置等の設計、配置等
S：Software （ソフトウエア）	マニュアル、手順書、教育・訓練用教材等
E：Environment （環境）	作業環境（温湿度、照明、騒音等）、作業特性（緊急作業等）、雰囲気等社会的環境
L：Liveware （下のL、周りの人）	コミュニケーション、リーダーシップ、チームワーク 等
m：management （管理）	組織・管理・体制、職場の雰囲気、風土、安全文化の醸成、管理的要素等

出典：河野 2006

2) モデルを活用した対策案の検討

対策案の作成にあたって、図表 3-11 に示すようなマトリックス表を作成し具体的に対処する事項を洗出して検討することが便利です。

図表 3-11　m-SHEL モデルの要因分析と対策

区　分	各要素 (S, H, E, L, LL) の要因	管理(m) の 要因	対策案
S (Software)			
H (Hardware)			
E (Environment)			
L (Liveware、本人)			
L (周囲の人)			

(4) 4M手法モデル

4M手法とは、米国の国家交通安全委員会（NTSB）が考案したもので、航空宇宙局（NASA）でも活用している4つのMから事故を分析するものです。4つのMとは、Man（人）、Machine（機械・設備）、Media（環境）、Management（管理）です。後述する4M－4E分析手法はNASAが、事故の原因分析および対策を整理する方法として採用したもので、医療現場や航空、鉄道業界での事故調査でも利用されています。筆者は、サービス提供を行う事業所運営において実際に使用した経験から、使い勝手が良い手法であると認識しています。

1) モデルの概要

4M手法の各要素の関係イメージを図にしたものを図表3-12に示します。

図表3-12　4M手法の要素

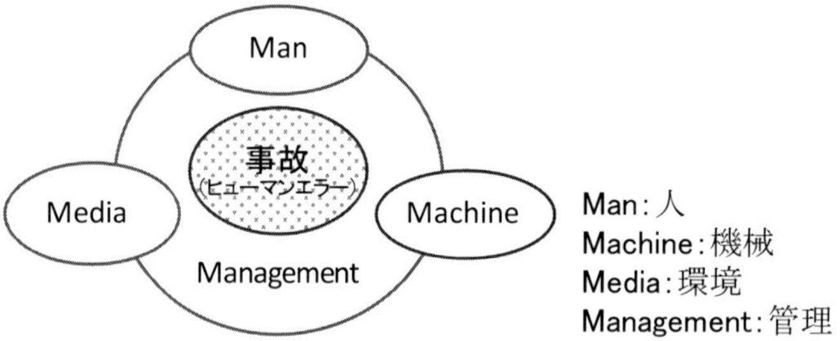

Man：人
Machine：機械
Media：環境
Management：管理

以下に4つの要素について説明します。
① Man（人）については、直接、間接に関わる人に関することで、人間関係も含まれます。当事者本人の内的な要因としての身体的状況、心理的・精神的状況、技量、経験、知識、意識フェーズなど、および外的な要因として、本人のとった行動に対する作業仲間・上司・関係部門とのコミュニケーション内容、あるいはお客様とのコミュニケーション内容がどうだったかについてです。
② Machine（機械・設備）については、装置、機器などの強度、機能、

品質などハードウエアに関することで、機器の配置、作業環境、作業スペース、通路の状態、工具、マンマシン・インターフェースも含まれます。
③Media（環境）については、自然環境としての気象、地形、人工環境としての施設、設備環境、作業場所、照明などの環境および作業方法・手順・マニュアル・チェックリストなどの作業情報についてのことです。役割分担、勤務時間や労働条件も含まれます。
④Management（管理）については、組織の作業計画、指揮監督や指示の内容と方法、教育・訓練方法についての事柄である。組織、規定・制度、安全管理方針なども含まれます。

図表3-13に4M手法の各要素の内容例示を一覧表にしたものを示します。

図表 3-13　　4M手法の各要素例示内容

区分	Man （人）	Machine （物・機械）	Media （環境）	Management （管理）
内容	・人間要素 ・作業者本人 ・上司、同僚等関係する人 ・身体的状況 ・心理的、精神的状況 ・技量 ・知識 ・立ち位置	・設備、機械、装置 ・機器の強度、配置 ・品質、機能 ・道具 ・作業スペース ・マン・マシン・インターフェース	人工環境： ・作業施設環境 ・人間関係環境 ・コミュニケーション（マニュアル、手順書、チェックリスト等情報環境） ・照明 ・労働条件、勤務時間 <u>自然環境</u>：気象、地形	・組織 ・管理規定、制度 ・作業計画 ・指示の内容 ・作業の役割分担 ・教育、訓練方法 ・安全管理方針

　もう一つのMとしてMission（任務・職務）を加えて5Mとして整理することもあります。この場合のMission（任務・職務）は、作業目標としての内容と時間的制約（期日・所要時間など）、役割分担についての事柄などになります。現場作業実態として、時間制約において余裕がない場合や役割分担が不適切などのMissionに関わる要因により、エラーが発生するケースは結構あります。図表3-14に5Mの場合の例示内容一覧を示します。

図表 3-14　　5 M方式の例示内容（4 Mに Mission を追加したもの）

区分	Man （人）	Machine （物・機械）	Media （環境）	Mission （使命・任務）	Management （管理）
内容	・人間要素 ・作業者本人 ・上司、同僚等関係する人 ・身体的状況 ・心理的、精神的状況 ・技量 ・知識 ・立ち位置	・設備、機械、装置 ・機器の強度、配置 ・品質、機能 ・道具 ・作業スペース ・マン・マシン・インターフェース	人工環境： ・作業施設環境 ・人間関係環境 ・コミュニケーション（マニュアル、手順書、チェックリスト等情報環境） ・照明 ・労働条件、勤務時間 自然環境：気象、地形	・仕事の目標 ・仕事の目的 ・職務責任の役割分担 ・仕事の期限の設定	・組織 ・管理規定（制度） ・作業計画 ・指示の内容 ・教育、訓練方法 ・安全管理方針

2) モデルを活用した対策案の検討

　4 M手法は、分析を専門としない方にも比較的利用が容易であるという特長があります。このため現場の従業者自ら要因分析を行うことに適していると考えます。

　以下に示す①から④の4つのEに⑤Environment（環境）を加えて5つのEと、4 Mに Mission を加えた5 Mを組み合わせて、図表3-15に示す5 M－5 E分析マトリックス表を使用して、要因や対策を書きだして対応策を検討します。マトリックス表を用いた検討方法により、事故の原因ごとの対策案を網羅的に分析し検討することが可能となります。

　以下に対応策として検討する、5つのEの要素について示します。詳しくは、第4章2.(3) 2)と図表4-5に具体例を示し説明していますのでそれを参照してください。

①Education：教育、訓練。業務遂行ために必要な能力、意識を向上させるための方策。

②Engineering：技術・工学。安全性を向上させるための設備、方法の技術的な方策。機器の改善、表示・警報、多重化、使用機器や材料の変更等。

③Enforcement：強化・徹底。業務を確実に実施するための強化・徹底に関する方策。規定化、手順設定、注意喚起、キャンペーン等。

④Example：模範・事例。具体的な事例を示す方策。規範を示す、事例紹介等。
⑤Environment：環境。物理的な作業環境を改善する方策。

図表 3-15　５M－５E分析マトリックス表

区分		Man (人)	Machine (物・機械)	Media (環境)	Mission (使命・任務)	Management (管理)
具体的要因						
対応策	Education (教育・訓練・技能)					
	Engineering (技術・工学)					
	Enforcement (強化・徹底)					
	Example (規範・事例)					
	Environment (環境)					

　上記の図表 3-15 における「具体的要因」欄には、ヒューマンエラー事象の要因について、５Mの視点から分類し、該当すると考えられる内容を記入します。
　検討に使用するマトリック表については、４M－４Eや４M－５Eの組み合わせでも良いです。

3．ヒューマンエラー防止に向けた具体的取り組み

　人間はもともとエラーをする存在で、完全にエラーを無くすることは不可能であるということを受け入れることが必要です。ヒューマンエラー防止には、まずこの現実を受け入れ、それを前提にヒューマンエラーによる事故の防止策を考えていく必要があります。そして事故が発生してからその直接的原因についてだけ対策を検討するだけでは、その事故に対応するだけの対応に終始し、後手に回った対応となり、事故を防止する積極的な先手管理の対策となりません。いわゆるもぐら叩きとなります。事業所として事故に振り回される印象が残ってしまい、従業者間に疲弊感が残ります。事業所としてサービス品質を維持向上する活動の一環として積極的な取り組みが望まれます。事業所内で当該業務をＰＤＣＡ（Ｐｌａｎ；計画、Ｄｏ；実行、Ｃｈｅｃｋ；検証、Ａｃｔ；改善）サイクルを継続的に回していく仕掛け作りが必要となります。ヒューマンエラー事故が発生した際には、関係した個人の責任を追及するのでなく事故の再発防止とサービス向上が目的ですという姿勢が事業所内の従業者に理解されることが大切となります。

(1) 取り組みのアプローチを整理する

　ヒューマンエラー事故が発生した場合、直接的原因等にすぐに対処し、当該事故によるサービスへの不適切な影響を拡大させない取り組み、および、根本的原因等に対処し同様な事故を再発することを防止する取り組みが必要となります。また、ヒューマンエラー事故を未然に発生させない取り組みも必要となります。これについては「ヒヤリ・ハット事例」を活用し取組むことが役立ちます。ヒューマンエラーを防止するための対応策の検討にあたっては、なるべく多様な視点から事故発生要因を取り除くことが大切となります。本書においては４Ｍ手法による分析と対応策を講じることとしています。

　ヒューマンエラーによる事故が発生した場合、サービスに影響をできるだけ与えないようにすることが大前提となります。そのためには、

全体的な業務を行う中で、ヒューマンエラーが発生する可能性のある作業内容を取り止める、あるいは減らすように業務の見直しをすることが必要となります。また、ヒューマンエラー事故によるサービスへの影響を減らすためには、事故が発生した場合に事故の影響を緩和する対処をあらかじめ講じておくことも有効です。そして、福祉サービスにおいては、人によるサービスが基本となるので、ヒューマンエラーが発生する可能性のある作業環境においても、エラーをしないような従業者を研修などで育成することは大切なこととなってきます。

ヒューマンエラー事故によるサービスへの影響を減じることについてのアプローチ区分をチャートにしたものを図表3-16に示します。

図表3-16　事故による影響を減じるアプローチ区分

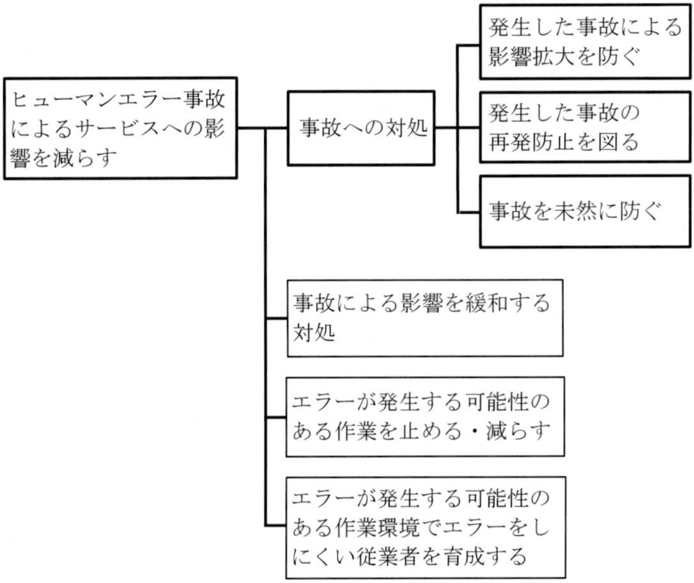

ヒューマンエラー事故によるサービスへの影響を減らす
- 事故への対処
  - 発生した事故による影響拡大を防ぐ
  - 発生した事故の再発防止を図る
  - 事故を未然に防ぐ
- 事故による影響を緩和する対処
- エラーが発生する可能性のある作業を止める・減らす
- エラーが発生する可能性のある作業環境でエラーをしにくい従業者を育成する

(2) 取り組みへの事業所方針を決める

　会社としての経営理念、あるいは事業所としての運営理念が存在する場合は、当該理念と整合する内容にしておくことが必要です。利用者のサービス向上やQOL向上、従業者の働き甲斐などと関係させておくことが望ましいと考えます。理念に関係させておけば、職場内の会議で理念について取り上げる機会があると思うので、ヒューマンエラー防止についての話題で意識喚起を行うことができます。いくら立派なマニュアルなどを作成しても、日常業務の中に取り入れる工夫をしておかないと、埃をかぶったマニュアルになってしまい、従業員から忘れられてしまうことになります。

　また、エラー防止の取り組みにおいては、事故が発生した場合の事実関係を洗い出すことが大切なプロセスとなります。これが不十分であると適切な対応策を作成できないことになります。エラー発生の原因を調査することが、直接関係した従業者についての犯人捜しや、個人の責任追及のようにならないようにすることを明記することも重要なことです。エラー防止の取り組みが、従業者自らの益となると従業者自身で納得できるものとしていく必要があります。

(3) 取り組みの体制を決める
1) 責任者を決める

　　取り組みの経験が浅い事業所においては、当初は管理者などが取り組みの責任者を担い、次のステップとして係担当などを設けて出来るだけ従業者の参画意識を高めていくことが良いと考えます。

2) 事務局等を決める

　　ヒューマンエラーを防止する取り組みは、本来、毎日の日常業務の中で継続的に取り組むことが大切ですが、事故が発生する頻度はそんなに多くはないと思うので、事務局など担当する者を決めておかないと忘れられてしまう可能性があります。したがって、当初は、責任担当者を決めて人材を育成するのが活動のうえで現実的です。一定のレベルに担当者が育ったならば、その担当者を交替するなど

してなるべく多くの従業員の人材育成を図っていくことが望まれます。現場業務としては、業務改善により業務量の軽減と併せて施策を導入していくことが現実的に必要です。事業所だけに任せておくと取り組みは中々難しいと思うので、事業所外組織の本部担当者やエリアマネージャーなどが、事業所の管理者や事務局担当業務をサポートするなどの工夫をすることも必要と考えます。

(4) 取り組みのルールづくりを行う

　ヒューマンエラーによる事故発生は、頻度が多い訳ではないので、事故発生時の対応について、事業所の管理者を含めた従業員が戸惑わないようにしておくことが必要です。あらかじめ発生した場合の具体的な対応方法を決めておくことが有効となります。逆の言い方をすれば、ヒューマンエラー防止につながる各種施策を出来るだけ日常業務の中に取り入れておく仕掛けなどの工夫が大切となります。従業員の視点から「余計な仕事」と思われないようにすることが必要です。

　また、併せて大切なことは、事業所のレベルに合わせた内容とすること、かつ、ステップを踏んで変えていくことです。管理者や従業員などの従業者の力量を考慮し、自分たちで取組んでいける内容から始めることが大切となります。かつ、ただでさえ人手不足で忙しい状況なので、なるべく簡易で時間をかけなくて取り組めるようにする工夫も大切となります。

1) 運営方法を決める。

　事故の内容を把握記録し、問題点・課題点をできるだけ多くの関係者で議論し、その対応策を決めて、それを事業所内で実行し、それらが定着しているか・有効か否かなどを評価していく業務フローを決めます。つまり当該業務をPDCAサイクルで継続的に回していく仕組みを、事業所内で見えるようにしていくことが必要です。すなわち一連のそれらの業務を「見える化」するようにしておくことです。また、それぞれの業務の品質を一定のレベルに保持するため、かつ簡便化するために、できるだけ様式化や業務フローを作成

しておくことが有効となります。事故内容の情報把握、事故内容の分析、会議での議事録、評価方法などの様式、各種チェックリストを作成しておくことが役立ちます。

　最初はできるだけ簡素なものからスタートし、組織の状況に応じて変更し充実させていくことが大切となります。その具体的な様式例については、次章で示します。忙しい現場の状況としては、いったん決めた決まりや様式を変えることは、稼働や力量のうえで現実には中々難しいことと思いますが、頑張って欲しいところです。単なるエラー防止の取り組みだけでなく、日常業務における一般的な従業者への人材育成の結果得られる従業者1人ひとりの力量、マネジメント能力に関係してきます。事故への対応力は、事業所としての「組織力」の成長に比例すると考えます。

2) エラー防止の取り組みの対象とする事故の内容を明確化する。

　事業所として、どんなヒューマンエラーを責任者へ報告し記録するかを具体的に決めることが必要です。忙しい現場としては、「出来れば報告せずに済ませたい」という気持ちが働きます。いったん報告すべき事象となると、報告記録および事故分析などのとりまとめ、それの会議の実施などと時間がとられることになります。従業者に対して余計なことをすることになったと思われないような工夫が必要です。後述する当該取り組みの対象とすることとなる「ヒヤリ・ハット事象」についても、具体的に決めておく必要があります。

3) エラー防止についての分析手法を決める。

　事故の都度、区々の方法でアプローチし、事実関係を把握記録して分析していては、従業者1人ひとりの気付く力や分析力などを向上させるのに時間がかかります。組織としてアプローチする手法を決めておくことは、従業者の研修、組織としての学習効果を図る上でメリットがあります。本書では、筆者が現場事業所で採用しそれなりの効果があり、かつ使い勝手が良かった経験のある4M手法を取り上げることとしています。

4) エラー事例、ヒヤリ・ハット事例を組織として蓄積し活用する。

　自事業所内のエラー事例、およびヒヤリ・ハット事例を組織として蓄積するとともに、それらを学習し、同様なエラーの発生を防ぐことに活用していく仕組みづくりが大切です。自事業所内の事例だけでは件数が少ないことが想定されるので、他事業所内でのエラー事例やヒヤリ・ハット事例についても活用していくことも有効です。

4．事故が発生した場合の取り組み

　事故が発生した場合は、その事故自体への対応をすることはもちろんですが、その事故が、事業所内の利用者などへのサービスに対して、悪い影響を与えるか否かを判断するとともに、サービスへの悪影響を拡大させない取り組みをすることが必要となります。

　また、その事故と同様な事故を事業所内で再び発生させないようにする取り組みが必要となります。いわゆる再発防止策です。一概に言えませんが、前者については事故の直接的要因に対する対処が中心となり、後者については、根本的要因に対する対処が中心となります。

(1) 事故によるサービスへの影響を拡大させない取り組み

　事故を、発生した従業員個人の直接的要因だけでなく、当該業務の環境的なことも考慮し根本的要因まで含めて、全体的に事故を捉えて分析することが必要となります。

　すなわち、4M－4Eもしくは5M－5E分析マトリックス表で事故を把握し分析することになります。使用する表をあらかじめ事業所の力量に応じたものを作成しておき、空欄を埋めて貰う方式にして検討をしていくことが便利です。いわゆるマトリックス法での発想で取り組む方法です。

　後述の根本的要因を探し出すことが中心となる再発防止策の検討にも使用できるように、その表の中の欄を、あらかじめ「直ぐ取り組めること」と「時間をかけて長期的に取り組むこと」に分けておくことも効果的な方法になります。様式例は、次章で示します。

4M手法で探し出した事故の要因について、実現し易さや重要度などから優先順位を付けることも必要となります。

(2) 同様な事故を発生させない取り組み（再発防止）

　実際に起こったヒューマンエラーに起因する事故に対して、事後分析を行い、再発防止策を講じることによって、類似のヒューマンエラーによる事故を防止することが大切です。事故の要因の中では、どちらかというと根本的要因が中心となります。スイスチーズモデルでいうところの「潜在的状況要因」を抑制する、あるいは発生させないようにする取り組みとなります。

　具体的対応としては、

1) まず、ヒューマンエラーから事故に至った経緯を整理し、問題点を指摘します。すなわち、ヒューマンエラーとなる事故に関して、事故に関わり合いのあった事象を、時系列に沿って抽出し、関係する事項を順番に並べ、という事後分析を行うことが必要となります。これらの作業が正確に出来れば、目的の大半が終わったようなものです。作業に関与するメンバーの気付く力のレベルが関係しますが、「関係する事項」の洗出しは、慣れないと難しいものです。

　　また、事故を発生させた個人に対して、非難するような雰囲気がある職場や、勤務評価をマイナスに評価するような職場においては、関係する他の従業員に迷惑をかけたくないという思いや、自分の利害を考えてしまって、中々、事実を記述しにくい状況となることが多いと思った方が良いです。日頃の職場の人間関係や事業所全体の雰囲気が関係してきます。

2) 次に、前1)で抽出した事項の中から、4M手法の視点でポイントとなる要因となるものを抽出し、5M－5E分析マトリックス表の「具体的要因」欄のそれぞれの5M欄に記述します。要因の中には、事業所あるいは会社の経営方針に抵触することも出てくるかも知れません。

3) 次に、5Eの視点で対応策を検討し、マトリックス表の「対応策」

欄のそれぞれの５Ｅの欄に対応策を記入します。対応策については、まず取り組んで実現可能な事項を記述することが肝要となります。

５．事故を未然に防止する取り組み

　事故を未然に防止するには、ヒューマンエラーを引き起こしそうな要因を予め抽出し、それらの要因を除き事故が発生しない業務環境にすることです。あるいは、その要因の働きを減じることでヒューマンエラーが発生しにくくすることや、その要因を早期に検出し事故に至らないようにすることや、その要因が発生しないようにする業務環境にしていくことです。

　先に述べたハインリッヒの法則により、29件の軽微な事故すなわちほとんどがヒューマンエラーの発生の下には、事故にはならないものの事故寸前のヒヤリとした体験やハッとした体験が３００件あることがいわれています。さらに、それらのヒヤリ・ハット体験が発生する事象の下には、おそらく数千に達すると思われるだけの不安全行動があるといわれています。したがって、ヒヤリ・ハット事例に着目して、それに関係する不安全行動を抽出して、その行動などの要因を発生させないようにすることです。これによりヒヤリ・ハットとなる事例に至ることがないようにして、ヒューマンエラーに起因する事故を未然に防止する取り組みになるようにします。この活動をヒヤリ・ハット活動といいます。

　未然防止の取り組みについての方法は、いろいろありますが、本書では「ヒヤリ・ハット活動」をとりあげます。ヒヤリ・ハット活動は、いろいろな業界分野で行われている活動です。その活動について紹介した書籍は多数出版されているので参考に読んでいただければと思います。

　この活動が良く知られた活動である反面、適切に機能していない状況が見受けられるケースもあります。ヒヤリ・ハット事例を報告すると「あの人の仕事は、あぶない」などと報告者がマイナス評価を受けるような雰囲気があると、報告者は報告しない方が自分のためだと思

い報告をしなくなります。「報告に当たっては報告内容が多すぎて時間が取られる」「報告した後で内容についていろいろ聞かれ、ただでさえ忙しいのに割に合わないので、同僚に分からないことは報告をしないでおく」また、「他の従業者のためを思ってせっかく忙しいなか報告したのに、助言やコメントなどのフィードバックが何もないのでがっかりし次回からは報告をしない」というようにヒヤリ・ハット活動を事業所として導入しても、実態として活動していないことがあります。

事業所としてヒヤリ・ハット事例の報告が少ないからその事業所は安全であると思い込んではいけません。むしろヒヤリ・ハット事例を気付く力がないのか、安全に対して意識が低いのではと疑った方が無難です。

(1) ヒヤリ・ハット活動の運営ポイント

以下にヒヤリ・ハット活動を運営していくポイントを示します。

1) ヒヤリ・ハット事例の報告対象を明確化する

ヒヤリ・ハット事例といえども、ヒューマンエラーに繋がることなので、従業員が積極的にヒヤリ・ハット体験事例を報告したがらないことが普通であると考えるべきです。従業員は、報告する対象が不明確であると、つい「この案件は報告しなくても良い」と自分で合理化してしまいがちです。また、初めてヒヤリ・ハット活動に取り組む場合は、何が「ヒヤリ・ハット事例」かが分からないケースもあるのでヒヤリ・ハット事例の例示を示すことも必要です。従業者と利用者が1対1でのサービス提供のケースが多い福祉サービスの場合、従業者からの報告がないと貴重なヒヤリ・ハット事例は埋もれてしまいます。

また、ヒヤリ・ハット活動の対象として、ぜひ消防避難訓練や防災訓練での事象を含めて活動して欲しいと思います。現実の訓練では忙しいので限定的な簡略化した訓練を実施するケースが多いと思いますが、実際に火災や災害が発生した時にヒューマンエラーが発生すると人命に関わる事故になる可能性があるからです。

2) ヒヤリ・ハット事例を出来るだけ多く集める

　ヒヤリ・ハットを体験する元となる不安全行動などは、たくさんあるはずなので事例が多ければ多いほどヒューマンエラーを防止する活動に繋がってきます。多く集めることで従業員1人ひとりの不安全行動や利用者の変化に「気付く力」が結果的に向上します。ヒヤリ・ハット事例の報告件数が多い事業所は、それだけ組織として「気付く力」が高感度な事業所ともいえます。

3) ヒヤリ・ハット事例を出来るだけ早くタイムリーに集める

　ヒューマンエラーを防止することが目的であるので、ヒヤリ・ハット事例を早く集めてエラー防止に役立てる必要があります。せっかく苦労し集めても、該当する類似のヒヤリ・ハット事例の要因による事故が発生してしまったら元も子もありません。できるだけ事実にそった情報を集めることが役に立つ一方で、当事者となる従業員の記憶は時間とともに薄れてくるので、早く報告してもらうことが必要です。

4) ヒヤリ・ハット事例で報告を求める内容を簡素化する

　前項で述べたようにできるだけ事例を多く集め早くフィードバックしたいので、報告し易いように内容を簡素化し報告稼働がかからないように配慮します。このためには、組織のレベルに応じた報告様式を予め作成しておくことが効果的です。報告様式においては、改善策欄を書けるように作成しておき、報告に当たっては、改善策は空欄でも良いようにしておく方法も有効です。組織の力量レベルの向上に合せて報告様式を変更させていくことが必要となります。当初は、何を書けば良いかわからない初心者でも記入しやすいように選択式にしておき、慣れてきたら記述式にシフトしていくのも良いでしょう。また、その事例を蓄積し検索し活用することも意識し、検索のキーワードを入れた表題欄を付加できるような報告書にしておくことも役立ちます。様式例については次章に示します。

5) ヒヤリ・ハット事例の報告書を簡潔に分かり易く書く

　ヒヤリ・ハット事例の報告書を職場の仲間が読んで、その内容を理解し易いように記述する工夫も必要です。５Ｗ１Ｈ（いつ・どこで・だれが・なにを・なぜ・どのように）を意識して記述してもらうと状況が分かり易くなります。文章だけで内容を上手く伝えることは難しいことがあるので、図を書ける欄を設けておくような工夫も良いでしょう。記述にあたっては抽象的な言葉を使用せずにできるだけ具体的に書くことです。

6) ヒヤリ・ハット事例を早く効果的に職場にフィードバックする

　前項と同様ですが、せっかく集めヒヤリ・ハット事例を職場に早く周知し、該当する類似のヒヤリ・ハット事例を起こさないようにすることが大切です。夜勤者、出張者や休暇取得者などを含めて全従業者へもれなく周知することが必要です。また、従業者の１人ひとりのサービス提供に活かされることや、気付きとなるように効果的にフィードバックすることも大切です。朝のミーティングにおけるワンポイント周知や事業所内の全体会議等でのディスカッションを通じて、一方通行的な周知とならないような工夫が必要です。

　ヒヤリ・ハット事例を職場にフィードバックする際には、従業者へ情報を一方的に提供すると「やらされる」という思いが強くなってしまい改善が上手くいきません。従業者が自ら考えて改善策を捻出すると「自分のこと」として捉えるので、その改善策の徹底が図られるようになります。

7) 報告者の保護に配慮する

　ヒヤリ・ハット事例でも、該当従業者のサービスのスキルレベルに関係するなどマイナスイメージが付きまとうので、個人の責任追及にならないように、あくまでサービス向上や利用者等の安全確保に役立てる目的であることを職場に理解してもらうことが大切です。また、報告者が人事評価の面で不利にならないような配慮も必要と

なります。

　報告は、匿名でも受け付けるようにしておくことも有効です。当事者以外の分析者が改善策などの検討において、当事者から直接話を聞くことが役立つ場合も出てくるので、取り組みについて職場の理解が深まれば、記名報告の方が望ましいことはもちろんです。

8) ヒヤリ・ハット事例報告による改善策を早期に実行する

　ヒヤリ・ハット事例報告書で従業者が気付いたあるいは考えた改善策や、全体会議でディスカッションし検討した改善策については、早期に組織として実行することが大切です。報告し改善が行われなければ、報告した従業員はせっかく忙しい中、改善策を考えて提案したのに無視されたことになりやる気がなくなってしまいます。従業者の動機づけに悪影響が及ぶことになります。

　むしろ、従業者個人が提案したことが実行されるということで、職場の活性化として活用するぐらいの前向きな取り組みとすることが期待されます。従業者1人ひとりの力量や職場の力量に応じて、改善策の内容はヒューマンエラー防止の根本原因に迫っていきます。継続的な取り組みとして時間を要することと心得ることが必要です。

(2) ヒヤリ・ハット事例の蓄積と活用

　職場や事業所などの組織において、実際にそこの職場で起こったヒヤリ・ハット事例は、実経験に基づく貴重な宝となります。他の事業所での事例となると有益な情報であっても何となくよそ事に思ってしまいがちとなります。自分の職場や自事業所のこととなれば、身近な問題として従業者は受け止め易くなります。

　事例の活用においても、従業者が好きな時に自由に閲覧し学習できるようにする工夫も大切です。パソコンなどでデータベースとして、キーワードで検索できるようにすることや、小冊子化、あるいはカード化などして研修で使用できるようにすることが考えられます。

6. ヒューマンエラーを防止する組織運営

　ヒューマンエラーが発生した背後には、「組織の問題」が存在するケースがほとんどであると考えた方が良いでしょう。組織の問題は、大きな問題で潜在的に存在し、気が付いていても指摘しにくくなっていて対策を立てにくくなっていることが良くあります。また、管理者がささいなことと思っていることが従業者にはとげが刺さったような問題になっている場合や、管理者も従業員も当たり前と思っていて気が付かない問題がある場合もあります。

　この組織の問題を避けて表面的な要因に対してのみ対策を講じることは、一件落着したように見えても同様なヒューマンエラーンの再発が繰り返されることになります。したがって、ヒューマンエラーを防止する取り組みを単にトラブルを防ぐための手法として取り組むのでなく、全社的な経営方針や経営理念と連動させた組織運営として捉えて取り組むことが大切です。

(1) ヒューマンエラー防止の取り組みの位置づけ

　ヒューマンエラーを単に事故の原因としてみるのでなく、職場、事業所などの環境要因を含めた視点でみることが必要であることは前述のとおりです。業務として活動する中でのヒューマンエラーを事業経営において位置づけたものを図表3-17に示します。

　事業の根幹として、事業所の従業者が働く基礎として会社の経営理念があり、経営者、上級管理者、施設管理者のそれぞれのリーダーシップとマネジメントのもとに従業者が働いています。そこには、組織体制、各種規定、人事制度等が機能しています。従業者の行動規範のベースとなる企業文化もあります。従業者に最も身近なものとして無意識に行動や価値観に大きく影響している職場風土があります。

　このような職場環境のなかで従業者の不安全行動の発生と、作業環境の不安全状態が存在し、ヒヤリ・ハット事例、ヒューマンエラーによる事故が発生しているとみなすことが出来ます。

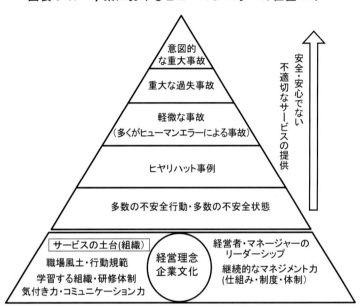

図表 3-17 事業におけるヒューマンエラーの位置づけ

　組織全体でなく一部の作業職場に限ったところでの話に戻れば、実行が困難な手順書、リーダーシップ不足、余裕のない作業期日、人員配置不足、チームワーク不足などの作業現場要因により、不安全行動の発生や不安全状態の存在がもたらされます。さらにその作業現場要因の背景として、経営層や上位管理者での意思決定、予算配分、事業計画、スケジューリング、管理などの組織活動としての組織要因があります。これらの関係については図表 3-18 に示すとおりです。

　本項で記述する、ヒューマンエラーを起こしにくい職場環境を作りあげることをしていけばヒューマンエラーの発生は少なくなっていきます。その職場づくりとは、特別な職場づくりではありません。組織全体の健全性を高めれば、ヒューマンエラーを減らすことができると考えています。ヒューマンエラーを防止する取り組みを行うことは、健全な職場づくりに他ならないと考えます。

そのヒューマンエラーを防止するために必要な職場作りと職場運営の大切となる要素について具体的に示したいと思います。魔法の杖はないので、みんな当たり前のことと思うでしょう。

具体的な要素について一覧として示すと、以下のとおりになります。

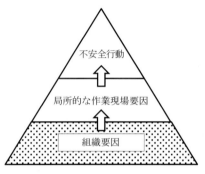

図表3-18　組織事故の進展

出典：J. Reason(1997)

```
◆　組織に関係する取り組み内容について
　①　経営者・事業所責任者の安全コミットメント
　②　企業コンプライアンスがあること
　③　問題に対応する柔軟性
　④　学習する組織
　⑤　ヒューマンファクターズ志向で業務を回している
　⑥　ものが言える・聞くことができる
　⑦　情報の共有化
　⑧　記録・報告する組織
　⑨　現場管理者のリーダーシップ
　⑩　現場管理者の状況認識する力
　⑪　自由闊達で風通しが良い職場
　⑫　爽やかな緊張感のある職場
◆　人に関係する取り組み内容について
　①　専門的な知識・技術のスキル向上
　②　コミュニケーション力
　③　注意する力
　④　行動力
◆　安全文化の醸成について
```

(2) ヒューマンエラーを防止する職場づくり

企業全体としての組織に関わる「企業文化」に係る内容と、職場レベルの組織に関わる「職場風土」に係る内容があります。企業文化と職場風土とはもちろん関係してくる内容です。

一覧に示した要素の各内容について以下に具体的に説明します。

◆ 組織に関係する取り組み内容について
1) 経営者・事業所責任者の安全コミットメント

組織の責任者である経営者あるいは事業所責任者が、安全を大切に考える旨を経営理念等で明文化し明確に社外および社内従業者向けに表明していることです。そして、安全管理の仕組みを社内に設け、予算、人材などの資源を適切に割り当てていることです。

2) 企業コンプライアンス（Compliance）があること

正義の文化があり、企業活動において社会規範に反することなく、法律や企業倫理を遵守しつつ、業務を公正・公平に遂行していることです。組織にとって悪い情報・都合が悪い情報を報告することを組織内で抑制せずに、組織の下から上まで報告されることです。

組織文化の違いにより、安全に関する情報がどう処理されるかについて表にしたものを図表 3-19 に示します。

図表 3-19　異なる組織文化が安全に関する情報を処理する方法

病的な文化	官僚的な文化	活力のある文化
・知ることを望んではいけない	・発見してはならない	・活発にそれを求める
・メッセンジャー（警告者）は撃たれる	・もしメッセンジャーが来れば聞く	・メッセンジャーは訓練されており、報酬を受け取る
・責任は回避される	・責任の所在が明らかにならないように分断される	・責任は共有される
・失敗は罰せられるか、包み隠される	・失敗はそこだけ修正される	・失敗が広範囲の改革につながる
・新しいアイディアは明確に拒否される	・新しいアイディアは、しばしば問題を引き起こす	・新しいアイディアが歓迎される

出典：J. Reason (1997)

3) 問題に対する柔軟性
　環境の変化に対応して組織全体の機能を最適になるように適応する能力があることです。現場従業者が、必要がある場合は上司の管理者の指示を待たずに意思決定できる状況にあることです。サービスを提供する対象者が人であるので、その日その時の変化やニーズ変化に臨機応変で対応することが必要とされます。

4) 学習する組織（会社、職場、個人、ネットワーク）
　現場従業者の間で職場の課題や問題点について意見交換やディスカッションという「チーム学習」が行われていて、それを会社や職場管理者がサポートや推奨している状況ができていることです。個人としての従業者1人ひとりも、自分が大切と思うことを達成していく充実感を覚えられることです。結果として、組織の目的や目標を効果的に達成していく状態が出来ていることになります。

5) ヒューマンファクターズ志向で事業を運営している
　人間を中心に考える捉え方で事業運営を行っていることです。人間の身体能力、作業性、作業効率、評価、作業環境、作業負荷、ストレスを考慮し業務遂行を行っている状態をいいます。福祉施設においては、慢性的な人手不足で困っている状況にあり苦労している実態があると考えます。機械を相手にする製造業と違って、福祉サービスは人を対象とする業務なので、ヒューマンファクターズ志向が前提となります。

6) ものが言える・聞くことができる
　業務上で安全などに関して懸念がある場合や疑問がある場合、それを職場や会社の中で発言や問いを発せることが出来る状況にあることです。事故が発生した後で、当事者本人は、「ちょっと確認で聞きたかったが、聞きにくい雰囲気だったので、そのまま行ってしまった。」ということがあります。また、周りに居た人からは、「おかし

いと思ったが、指摘することに気が引けたので黙っていた。」などと事故を防げなかったケースがあります。職位の上位の者やベテラン従業者が自分は正しく他人からものを言わせない雰囲気の職場があります。職場の慣行として、不適切なサービス提供が続けられる可能性があります。このためにも「ものが言える」雰囲気は大切です。

7) 情報の共有化

　事業所内の運営状況が「見える化」されて、不適切なサービスを隠ぺいし難い環境であることが大切です。業務を遂行する上で必要な情報が、タイムリーに会社内部・職場内部で従業者全員に周知されること、あるいは必要な時に利用できるようになっていることが必要です。休暇、出張、および夜勤明けなどで不在の従業者に対しても、情報周知の漏れがないように工夫をすることも必要です。

8) 記録・報告する組織

　会議議事録、研修報告書など5W1Hを押さえて簡潔にポイントが分かるように事務的な書類を作成することや、家族への手紙など心に響く内容のことを書く技術は必要なスキルです。忙しい中で、利用者の様子の引き継ぎ内容などをノートへ記入することやメモを作成することにおいて、簡潔に必要なポイントを記述することが必要です。書くことは億劫なことですが、これらの書くことを職場で慣れることは、ヒヤリ・ハット活動などで必要事項を記録し組織内へ報告することを常態化する文化づくりにおいて大切なことです。いわゆる、業務を適切に運営するための、報告する・連絡する・相談するの「報連相」の職場風土づくりとも関係してきます。

　記録した報告書がないと、組織内における前項の情報共有化は実現できません。また、その報告書を、利用したい時に誰でも利用できる工夫をしておく必要もあります。使われない報告書作成は、無駄な仕事になり誰も報告をしなくなってしまいます。

9）現場管理者のリーダーシップ
　事業所でのキーパーソンはやっぱり現場管理者が重要な役割を担います。従業員がいくら良い気付きをして役立つ提案をしても現場管理者が反応しないで無視すれば、その従業員はやる気をなくしてしまいます。管理者の力量の基本は、「人間はエラーをするもの」を出発点にして、マネジメント力の発揮と実践する行動力です。そして現場業務において、トップダウン（事業者責任）とボトムアップ（現場の自主性）とを調和させていることです。

10）現場管理者の状況認識する力
　現場管理者は、利用者の変化への気付きはもちろん、職場環境における変化や、異変を気付く力が必要です。また、自分たち従業者のチームとしての組織の力量の限界を認識し業務を遂行することが必要です。特に人手不足において、少ない人員でかつ十分なスキルを有していない新人等各人のスキルを把握しながら業務を回すためには、職場の状況を認識する力が必要です。職場の不安全行為や不安全状態を気付く力のベースとなるための必要な力量です。

11）自由闊達で風通しが良い職場
　月並みな内容ですが、規範偏重で堅苦しくなく、自由で物事にうるさくこだわらずに仕事ができる職場は働く者にとって働きやすいと感じる大きな要素です。仕事に必要な情報が差別なく得ることができ、お互いのコミュニケーションが取り易い、いわゆる「風通しの良い」職場はメンタルヘルスの上でも好ましい職場となります。隠ぺい体質がなく、先輩に物事を遠慮なく聞ける人間関係が良い職場は、ヒューマンエラーが起こりにくい職場といえます。

12）爽やかな緊張感のある職場
　前項の「自由闊達で風通しが良い職場」は、自由気儘な職場を意味するものではありません。心地良い緊張感と規律のある職場は、

従業員1人ひとりの「注意力の維持」や、「良好なチーム力の発揮」するうえで必要なことになります。利用者の命を預かる仕事をするうえで必須なことです。ぎすぎすした窮屈な緊張感ではない心地よい緊張感でなければならないと考えます。

◆ 人に関係する取り組み内容について
1) **専門的な知識・技術のスキル向上**
　　業務を間違いなく責任をもって遂行する専門的な知識と技術は、ヒューマンエラーをするか否かの以前の必須のことです。この前提があって、同僚等が間違ったことをしようとしている場合には、おかしいと指摘できます。プロフェッショナルとして常に自己研さんし学ぶことが必要です。言われたことを実行するだけでなく、サービス提供対象者の変化に臨機応変に対応する力も求められます。

2) **コミュニケーション力**
　　組織内で上下間、同僚等横でのコミュニケーションを的確に実施できることが必要です。自分と価値観を異にする、利用者やその家族などの人たちとのコミュニケーションを、相手の立場に立って的確に実施することが必要です。ものごとの事実関係だけを文字で簡潔に正しく伝えることと、直接会って会話により感情的なニュアンスを含めて理解し合えるコミュニケーション力が必要です。自分の意図することを間違いなく相手に伝えることと、思い込みをしないで相手の意図することを理解することが求められます。コミュニケーション力は、人を介して仕事をするうえで事故を防ぐための基本的なスキルとなります。

3) **注意する力**
　　従業者1人ひとりの個人としての注意力が、ヒューマンエラーによる事故を防ぐための最も基本的なことです。従業者がサービスを利用者に対して1対1で提供するケースが多いので、従業者のスキ

ルと注意力がサービス品質と安全に大きく影響します。さらに、利用者は、日々の状況によって変化するので、その変化に気付く力とそれに臨機応変に対応するサービス提供力が必要とされる困難さがあります。「個人の注意力」に加えて「組織の注意力」を強化し、それを発揮する工夫も大切となります。

4) 行動力

従業者1人ひとりが個人としての行動力を有しているか否かが、不安全行動を抑制することや不安全状態を取り除く実践活動を実現する「組織全体の行動力」が発揮されるための必要な力となります。

(3) 安全文化の醸成について

「安全文化」という考え方は、「組織と個人が安全を最優先する風土や気風のこと」を表す概念です。1986年に発生したチェルノブイリ事故の原因の調査と検討の結果をきっかけとし、国際原子力機関（IAEA）が提唱し広く知られるようになったものです。原子力分野では高い安全性が求められるので、ヒューマンエラーも含めた安全に対して組織としてどうやって確保するかの施策について、国などは様々な検討を行っています。福島第一原子力発電所のような事故を二度と起こさない反省から日本の原子力産業界における世界最高水準の安全性を追求することで設立された原子力安全推進協会（JANSI）の「安全文化の7原則」を参考として図表3-20に示します。特別な内容でないことは、高度に組織化され、それなりの人材を集め訓練している原子力関係機関でさえ、継続的に「安全」というものを獲得し維持していくことがいかに難しいことかを表していると考えられます。

企業文化（組織文化）とは、共通した価値観・信念であり、組織の構造や意思決定に作用し、組織内で働くすべての経営者および従業者の行動規範になっていくものです。J. Reason (1997) は、「安全文化は、相互に作用し合う多くの要素、すなわち、自然な副産物としての安全健全性を改善してきた実行、思考、管理の方法によって構成されている。」

と言って「安全文化の四つの重要な構成要素、すなわち、**報告する文化、正義の文化、柔軟な文化、学習する文化**」を上げています。組織体制がしっかりできている大企業といえども、利用者の安全に関わる不祥事や事故が無くならないということは、安全文化の醸成が簡単でないと認識させられるところです。

経営トップが、いかに安全を重視していると表明して安全管理部門の組織を設置していても、それを担う担当役員は社内で閑職に位置づけられているケースは結構あります。安全管理を担う組織が事業そのものの中で重要視されていることが必要です。トップが現場の実態を知っており、コスト意識が偏重されることなく、安全を軽視する風潮がなく、安全教育が実質的に実施されていることが大切です。

そして、経営者が、利用者へのサービスを継続的に提供することと利用者への安全を確保することに責任があると考える共に、従業者の雇用や安全にも責任があると考えるのなら、経営者は当該事業所の事業継続計画(ＢＣＰ:Business Continuity Plan)を作成すべきと考えます。

図表 3-20 安全文化の 7 原則 (JANSI 版 2014)

①安全最優先の価値観	安全最優先の価値観が組織及び個人に認識されていること
②トップのリーダーシップ	トップは安全のコミットメントを強いリーダーシップで明確にすること
③安全確保の仕組み	業務や活動に安全確保の仕組みが取り込まれていること
④円滑なコミュニケーション	組織内部・関係機関及び一般社会と円滑なコミュニケーションを保つこと
⑤問いかけ・学ぶ姿勢	組織及びそれを構成する個人は、問いかけ・学び・責任を持って是正する姿勢があること
⑥リスクの認識	組織及びそれを構成する個人は、業務や設備の潜在的なリスクを認識すること
⑦活気のある職場環境	自由に発言できる、活気と創造力のある職場環境であること

JANSI:一般社団法人 原子力安全推進協会

第4章
ヒューマンエラーの事故分析と再発防止策

本書においては、事業所の現場ですぐ使えることを意図して、ヒューマンエラーによる事故分析やヒヤリ・ハット活動について、４Ｍ手法に絞り込んで具体的な方法を説明していきます。他の方法でも同様ですが、自分の事業所の業態と組織の力量に合わせて工夫して取り組むことが肝要となります。

１．４Ｍ手法による事故調査方法のポイント

　４Ｍ手法は、先に述べたように米国の国家運輸安全委員会(NTSB)や国家航空宇宙局（NASA）に採用されている事故調査方法といわれているもので、専門家以外でも簡易に事故分析が行える手法として、医療分野や航空分野、鉄道分野など幅広い分野で活用されています。この事故調査方法は、科学的であり合理的なものとなっています。柳田邦男氏が、NTSBの航空安全局長で事故調査に取組んでいたチャールズ・O・ミラー氏の講義内容を紹介しているので、参考になるのでそれを紹介しておきます。図表4-1にNTSBの調査項目を示します。

①事故に関連のある事項を時系列に連鎖関係を洗い出します

　　事故というものは、大抵の場合、さまざまな要因が絡みあって起こるので、主因・副因という分け方はしない方が良いとのことです。このため、事故原因を明らかにするためには諸事項の連鎖関係を明らかにする作業が必要です。この作業が完全に行われれば、事故調査の目的の90％は達成されたといって良いといえます。

②前項の諸事項を「四つのＭ」に分類します

　　前項の諸事項が、「四つのＭ」のどれに該当するか検討し、それを「四つのＭ」に分類します。システムのどこに問題があり、それぞれの事項に対し、誰がどんな対策を取るべきかが、浮き彫りになってきます。

　　・Man（人）：ヒューマンファクター（人間的要因）のエラー、ストレスを含む。責任問題とは別。

　　・Machine（機械）：機械の欠陥や故障。

- Media（環境）：情報、気象条件、施設などの環境条件。
- Management（管理）：会社、団体、行政機関が安全のために何をやり、何をやらなかったか。

③推定原因を記述します

　事故を構成した諸要因のうち、最も直接的で主要なものを絞って記述します。本質的にはさして重要でないとの考えです。

④勧告を取りまとめます

　「緊急措置」と「長期的対策」に分けて、それぞれ「誰が」「何を」「いつまでに」実施するか期限を明記して整理します。①と②の作業が行われれば、「勧告」は必然的に導き出されます。

図表4-1　NTSBの事故調査手法

```
1. Sequence of Event（諸事項の連鎖関係）
   （Chronological-Safety critical）
   （事故あるいは安全に重大な関わり合いのあった事項
    のすべてを時系列にそって洗出して明らかにする）

2. 4M's（4Mの）
   ・Man（人）
   ・Machine（機械）
   ・Media（環境）
   ・Management（管理）

3. Probable Cause（推定原因）

4. Recommendation（勧告）
   （Who – What – When）（誰が、何を、いつ・いつまでに）
   ・Immediate Action（緊急措置）
   ・Long Term Action（長期的対策）
```

出典：　柳田邦男(1978)

２．４Ｍ手法による事故分析

(1) 事故報告と原因分析・再発防止策の様式作成
　自分の事業所の業務内容に合う、かつ事業所の従業者が事故記録などに慣れているか否かなどの実態にあった事故分析の定型フォーマット様式を作成しておくことが大変有効と考えます。そこで、様式を作成する際に考慮すべきポイントを以下に示します。

　①事故記録としての必要な記録内容を備えていること
　　　事業所として、ヒューマンエラーによる事故が発生した場合、利用者等サービスに影響がある時、まず当該事故への即応が求められます。夜間など人手が手薄なときに、利用者の状況を記録すると共に、管理者、看護師、かかりつけ医などへ連絡をしなければなりません。状況によっては、利用者家族へ連絡を入れ、それらの状況もメモ記録する必要性があります。焦ったりしている中で、関係者と漏れのない的確なコミュニケーションを取ることと、後になって必要な情報が記録漏れとならないようにしておくことが、業務の必要性と効率性とで必要とされます。

　②事故報告として関係行政機関等への報告内容を含めておくこと
　　　自事業所の管轄行政機関毎に、所定の報告内容が求められるので当該事項を予め記録様式に含めておくことが必要です。自社の管理部門等へ報告する事項についても含めておくことが必要です。

　③４Ｍ手法の事故分析がその場で忘れずにメモしておけること
　　　事故の対応や、事故により他サービス提供に影響を拡大させないことへの対処などが一段落してから、必要な記録を自分の記憶に頼りながら行うことが多いと思います。できれば事故が発生したその場でメモしながら記録ができることが望ましいと考えます。

以上、①と②を考慮し、Ａ４版で表面に事故記録様式とし、裏面に４Ｍ手法の事故分析メモ記録としたイメージの様式例を図表4-2と図表4-3に示すので、参考にして下さい。

図表4-2

事 故 報 告 書（表面）

報告周知								報告者	
	報告会議名				報告年月日		年　　月　　日		

利用者	フリガナ		保険者名	
	氏　名		被保険者番号	
			要介護度	要支援　　、要介護
	性　別	男　女　　年齢　　　歳	認知症の程度	無し・軽度・中度・重度
	住　所	〒		

事故の概要	事故件名	
	事故種別	□骨折 □打撲・捻挫・脱臼 □外傷 □肺炎 □感染症(　　　　) □その他(　　　　)
	発生日時	年　月　日(　)　時　分頃　発生場所
	発生時状況	□介護中 □見守り中 □職員不在時 □利用者単独時 □その他(　　　　)
	第一発見者	発見の動機
	従事担当者	従事(経験)年数：　　　年、資格(　　　　)
	事故の原因	□転倒 □転落 □誤嚥 □誤飲 □誤与薬 □異食 □施設設備 □感染症 □その他(　　　　)
	過去3ケ月以内の同一利用者に関する事故の有無　　有・無	
	事故の内容 (発生時の状況) (経　　緯) (けが等の状況)	

事故時の対応	バイタル測定	直後測定(　時　分)：Kt　　℃、Bp　/　、P　、R　、SpO2　　％ 2回目測定(　時　分)：Kt　　℃、Bp　/　、P　、R　、SpO2　　％
	救急車出動要請：	時　　分頃
	看護師への連絡：	時　　分頃、看護師からの指示：
	管理者への連絡：	時　　分頃、管理者からの指示：
	協力医療機関への連絡：医療機関名(　　　　)　時　分頃 医師からの指示：	
	受診医療機関名	
	診断・治療の概要	
	家族への連絡	年　月　日(　)　時　分頃
	事業者側連絡者	家族の対応
	家族側連絡受者	(続柄：　)

図表 4-3
原因分析と再発防止策（裏面）

区　分	発 生 要 因	対　策
人 （Man） （本人以外の同僚、上司も含む） ・身体的状況 ・心理的、精神的状況 ・立ち位置、配置 ・技量、知識 ・コミュニケーション		
物・機械 （Machine） ・機器固有の要因 ・強度、機能、品質、配置		
環境・情報 （Media） ・自然環境（気象、地形等） ・人工環境（施設、設備、マニュアル、チェックリスト、連携、勤務状況）		
使命・任務 （Mission） ・作業の目的、目標 ・職務責任の役割分担 ・仕事の期限の設定		
管理 （Management） ・組織 ・管理規定 ・作業計画 ・教育、訓練方法		
特記事項		

図表4-3に示す「事故分析と再発防止策」の様式は、より簡便さを意図して、先に述べた、手法での改善策において一般的に使用する「4M－4E（または5M－5E）マトリックス表」を使用したものとしていません。もちろん4M－4E（または5M－5E）マトリックス表を使用した様式を使って検討しても良いです。また、示した様式例には、「区分」欄にMissionを加えて5つのMとしています。
　5つのMにそれぞれ関係する「発生要因」と考えられる内容を該当の区分に記入するとともに、左の当該発生要因を改善する対応策と考えられる内容を右の「対策」欄に記述していきます。「対策」欄の記述にあたっては、4M手法モデルを活用した対策案の検討のところで示した5Eの①Education、②Engineering、③Enforcement、④Example、⑤Environment（第3章2.(4)2)を参照）を考慮して記述します。詳しくは、後述の「(3)2)再発防止策の「対策」欄の記入」で実例も含めて詳しく説明します。

(2) 事故報告書の記入

　事故記録様式と事故分析様式を作成したのなら、その記入要領を作成しておく必要があります。記入要領を作成しておくことにより、記入内容の質が一定のレベルを維持できます。また、それを読むことで従業員が4M手法を理解する研修効果を図ることができます。せっかく事業所として、適切な様式等を整えていてもそれの記入要領などが整備されていない残念なケースが多くあります。
　以下、示した様式例にそって事故報告書の記入内容ポイントについて簡単に説明します。

① 「報告周知」欄
　・報告作成者：誰が作成し、いつ報告したかが分かるようにしておくと良いです。
　・事業所内の利用者へのサービスに関わる担当者等への周知が全員へ周知したか否かを記録できるようにしておくと良いです。
　・当該事故報告を事業所内で周知・ディスカッション等した会議

名も記録できるようにしておくと良いです。
② 「利用者」欄
・ヒューマンエラーによる事故で、事故を起こした利用者、あるいは被害があった利用者に関わる情報について記述します。事故分析において役立ちます。それぞれの事業所のサービス提供業務に合った内容項目を考慮して作成します。

③ 「事故の概要」欄
・事故件名：事故の特徴に合致した件名を記入します。報告書作成のまとめの段階で記入しても良いです。事故発生内容を事業所等単位でデータベース化している場合は、検索するキーワードを入れた件名とすることが良いでしょう。
・事故種別：事故報告の区分、事業所でのデータベース化の取りまとめなどを考慮し、予め事故種別を列記し選んで貰うようにしておいた方が効率的です。
・発生日時・発生場所：「発生場所」については、自事業所で安全上、注目している場所があり、分析を後日行うのであれば、場所の例示を列記しておく方法もあります。
・発生時状況：事故の発生時の状況把握を行う上で、予めサービス提供形態を考慮し区分例示を列記しておくと良いです。
・第一発見者：事故の内容を後日、把握する上で記録しておくと便利です。
・発見の動機：事故の改善策を検討する上で、役立つ情報となってくる場合があります。
・従事担当者：経験年数、資格種別の情報もあると良い。事故の発生時の状況把握を行う上で役立つ場合があります。
・事故の原因：事故報告の区分、事業所でのデータベース化の取りまとめなどを考慮し、予め事故種別を列記し選んで貰うようにしておいた方が効率的です。
・事故の内容：裏面の「発生要因」との記述を考慮しながら、事故のポイントを5W1Hなどで押さえ簡潔に記述します。当該

利用者について、過去3ヶ月以内に事故が発生しているかの有無についても記す。当該利用者の状況把握の上で役立ちます。

④「事故時の対応」欄
- バイタル測定：かかりつけ医、看護師などと相談し、サービス提供業態を考慮し、予め項目を例示列記しておくと緊急時でも漏れがなくて良いです。事故発生時と一段落した時の数値を記入できるようにしてあります。例として、体温（Kt）、血圧（Bp）、脈拍（P）、呼吸数（R）、酸素飽和度（SpO2）を記しています。
- 救急車出動要請：いつ頃出動を要請したかを記入します。
- 看護師への連絡・看護師からの指示；看護師へいつ頃連絡し、指示があった場合はその内容をメモしておきます。
- 管理者への連絡・管理者からの指示：管理者へいつ頃連絡し、指示があった場合はその内容をメモしておきます。
- 協力医療機関への連絡・医師からの指示：どの協力医療機関へいつ頃連絡し、医師等から指示があった場合はその内容をメモしておきます。
- 受診医療機関名、診断・治療の概要：医療機関を受診した場合は、どこの医療機関か、その診断内容と治療内容の概要を記す。
- 家族への連絡：利用者家族への連絡について、いつ、事業所の誰が、家族の誰に連絡したかと、家族の方の対応について記す。

(3) 原因分析と再発防止策記録の記入

　原因分析および対策では、発生要因を抜けのないように明らかにし、再発しないように視野を広げ網羅的な対策を講じることが大切です。詳しく分析するためには、3章2(4)項に示した図表3-14「5M-5E分析マトリックス表」を使用します。4M-4Eもしくは4M-5Eの組み合わせで分析しても良いです。

　事故発生時には、表面の「事故の概要」欄の記述内容と関連して裏面の「発生要因」欄を記入すます。時間が経つと忘れてしまう内容もあるので、事故発生時のメモ欄的に使用して記録しておくと便利です。

「対策」欄については、事故が一段落してからで良いので、実行可能な内容について、先に記述した4Eもしくは5Eを考慮して「対策」欄を記述します。

1) 発生要因についての記入

以下に「発生要因」を記述するにあたって参考となるように、5つのMの区分について詳しく説明します。

① 人（Man）の欄

ヒューマンエラーによる事故発生に直接関与した当事者本人、および本人以外の同僚、上司など関係する「人」に関する事項において、事故の発生要因に関わるものについて記述します。

・身体的状況：体調が不良だったか、疾病等で通常と違っていたか、疾病等で服薬していて集中力が低くなっていた、腰等を痛めていたので通常の動きが出来なかった、睡眠不足・二日酔いで疲れていた、加齢による能力低下など。

・心理的、精神的状況：急いでいて気持ちに余裕がなかった、ある理由でストレスを抱えていたか否か、意識レベルでパニックに陥っていたようなフェーズだったか否かなど。場面行動（その場の思い付きによる行動）、忘却（度忘れ）、考え事（家族問題など個人的な事由による）、無意識行動、危機感覚のズレ、省略行動、憶測判断など。

・立ち位置、配置：事故が発生した時の立ち位置が利用者との関係でどの位置だったか、作業していた従業者間等の配置が適切であったか否かなど。

・技量、知識：当事者本人の技術が十分でなかった、知識がなかった、経験不足であったなど。

・コミュニケーション：本人と利用者との意思疎通、作業を行う上での同僚、上司等との意思疎通・確認方法など。作業に必要な情報共有方法に問題があったなど。

・職場要因：人間関係が良くなかった、リーダーシップ不足、チームワークが良くなかったなど。

②物・機械（Machine）の欄
- 機器固有の要因：機器そのものに不具合があったか、機器の操作方法の間違いやすさなどについて記述します。
- 強度、機能、品質：機器の強度・機能・品質などにおいて不具合があったなど。消費者庁ウェブサイトのリコール情報サイトに、安全に使用するための注意が呼びかけられている事故報告等があった製品として、介護用ベッド・ポータブルトイレ・歩行補助車・車いす・マッサージ器などが掲載されています。最新情報について確認しておくと良いです。
- 使用方法：機械に不良な箇所があった（点検整備不良）、使用していた機器が実施していた介護サービス等に適切でなかった、使用目的に対してその機器を使用したことに無理があったなど。
- 配置：使用していた機器等と利用者あるいは従業者との位置関係はどうであったかなど。

③環境・情報（Media）欄
かなり幅広い内容を含んでいる項目です。
- 自然環境（気象、地形等）：事故発生時の天候、道路地面状況、見通し状況などの地形など。
- 人工環境（施設、設備）：施設の形状、設備の安全状況、設備の不具合状況、照明が不足し暗かった、作業空間が不良であった、作業環境が不良であったなど。
- マニュアル・チェックリスト：作業のマニュアル記載方法が分かりにくく意図が伝わりにくくなっていた、マニュアルの記載内容に誤りがあった、必要な作業マニュアルなのに配備していなかったなど。作業に必要な情報媒体のあり方に問題があった、作業手順書が間違っていたなど。
- 情報：利用者についての情報が伝わっていなかった、作業に必要な情報が伝わっていなかったなど。
- 連携：作業従事者間の必要な情報の指示の出し方、引き継ぎ方法などで問題があり連携が適切に出来なかったなど。

- 勤務状況：本人の勤務割や勤務時間などで十分な休息が取れるような状況になかったなど。

④使命・任務（Mission）の欄

　作業者本人が、一生懸命になり過ぎて結果的に事故を発生させてしまうことがあります。本人の責任だけにしてはいけない背後要因が存在しているケースが多くあります。新人が、「出来ない」ということを職場で発言しにくい雰囲気であったためそのまま仕事に臨んでしまったケースや、ベテランでもメンツを保とうとし任務にのめり込んでしまって仕事を遂行するケースなどで、事故を発生してしまう場合です。Mission欄をなくして、③Mediaと⑤Managementに振り分けて4つのMで対応することでも良いです。

- 作業の目的・目標：作業の目的や目標設定において無理があったなどで適切でなかったなど。
- 職務責任の役割分担：複数の作業従事者の役割分担において、スキルレベルから力不足があり適切でなかったなど、作業量の多寡においてバランスが適切でなかったなど。
- 仕事の期限の設定：期限の設定において短すぎて余裕がなくなり焦りを生じさせてしまった、必要な準備が不足してしまったなど。

⑤管理（Management）の欄

　作業全体に関与する管理者や会社等事業責任者などの役割は、事故の発生において重要な要因となってきます。事故の背後要因としてなんらかの要因が存在していると考えて良いでしょう。

- 組織：作業のチーム編成などにおいて未経験者のみなどで体制づくりが適切でなかったなど。
- 配置：必要な配置人数を確保していなかった、従業者の力量を考慮した適材適所の配置となっていなかったなど。
- 指示指導：作業前の指示が不十分であった、部下に対する監督が不十分であった、当日従事する従業者の健康についての管理が不十分であったなど。

- 作業計画：作業計画の作成において内容が適切でなかった、作業計画が必要な作業であったが作業計画が作成されていなかったなど。
- 管理規定：組織内の関係する規定類が分かりにくかった、必要な記載内容が不足していたなど。関係する管理規定を定めていなかったなど。
- 変更管理：規定やマニュアルなどの変更を行ったにもかかわらずその書類ファイル差し替え変更が行われていなかったなど。変更したことが全従業員へ周知されていなかったなど。
- 教育、訓練方法：研修等の内容が実用的でないものであり現場で役立つような訓練でなかった、必要な訓練であったが訓練を実施していなかったなど。訓練を実施していたが従業者の力量を把握評価し管理していなかったなど。

⑥**特記事項の欄**

特に記述しておきたい内容を記述するなどの欄として使用します。事業所内で記述内容について何を記入するかについて予め決めておき使用する方法もあります。

以上の①から⑤までの発生要因の例について、４Ｍ区分で一覧表にしたものを図表 4-4(1/2)と図表 4-4(2/2) とに示しましたので報告書を作成する際の参考にして下さい。

図表 4-4(1/2)　4 M区分による要因例

人（Man） 従事者本人及び本人以外の人に係る要因	物・機械（Machine） 設備・機器・器具固有の要因
1. 身体的要因 ・疲れで体調が良くなかった ・睡眠不足で注意力が不足していた ・疾病で注意力が不足していた ・腰痛で踏ん張れなかった ・加齢で体のとっさの動きが出来なかった ・二日酔いで体調が良くなかった 2. 心理的・精神的要因 ・急いでいて気持ちに余裕がなかった ・〇〇のため焦ってしまった ・〇〇の考え事をしていた注意力が不足した ・無意識にしてしまった ・大丈夫と思って行った ・度忘れで失念した ・他の作業に気をとられてしまった ・先入観（思い込み）に囚われて行ってしまった ・〇〇のストレスで普通にできなかった 3. 立ち位置、配置による要因 ・利用者との位置が遠すぎた ・同僚との連携する立ち位置が〇〇だった 4. 技量、知識による要因 ・作業に対する知識が不足していた ・作業内容をよく理解していなかった ・作業に不慣れであった（経験不足） ・作業に必要な十分な技能がなかった 5. コミュニケーションに関わる要因 ・従業者と利用者との意思疎通が悪かった ・作業を行う本人と同僚との意思疎通が悪かった ・同僚と〇〇の確認方法を決めていなかった 6. 立ち位置、配置による要因 ・実施タイミングが早い（遅かった） ・作業対象を取り違えた ・作業順序を間違えた ・確認しなかった ・作業に必要な情報確認方法 7. 職場の要因 ・リーダーの意思決定が遅かった ・同僚とのチームワークが良くなかった ・作業の内容を確認できなかった（人間関係の不良） 8. 不正による要因 ・故意に手順どおりに作業をしなかった ・同僚の間違った対応方法を黙認した	1. 機器の品質・機能による要因 ・機器が故障していた ・修理中であった ・機器の動作に不具合があった ・設備が老朽化していた ・機器の安全設計が不十分であった ・標識が見えにくかった ・アラームが聞こえにくかった ・設備機器の保護機能が不十分であった 2. 使用方法による要因 ・設備機器の調整がされていなかった ・設備機器の点検整備不良であった ・必要とする介護サービスに適応していなかった ・使用していた福祉用具が利用者に会っていなかった 3. 使用配置による要因 ・使用する利用者との位置関係が適切でなかった ・設備機器を設置する場所が適当でなかった

図表 4-4(2/2)　4M区分による要因例

環境・情報（Media） 従事者の作業環境・作業への情報に係る要因	管理（Management） 組織のおける管理状態に起因する要因
1. 作業環境(自然環境・人工環境による要因) ・暑い中、寒い中での作業であった（天候） ・不快な温度、湿度であった ・坂道の途中での作業であった（地形） ・雨で路面の状況が滑り易かった ・照明が不適切であった ・騒音が大きく声が聞こえにくかった ・加齢で体のとっさの動きが出来なかった ・二日酔いで体調が良くなかった ・作業空間が十分確保できなかった 2. 作業手順書・マニュアルによる要因 ・必要とされる手順書がなかった ・手順書の記載表現方法があいまいであった ・手順書に必要な内容が記載漏れであった ・マニュアルの内容が十分理解されていなかった ・マニュアルはあったが現場ですぐ閲覧できなかった 3. コミュニケーション(情報)による要因 ・作業に必要な最新情報が伝わっていなかった ・従業者交代に際して、情報が引き継がされなかった ・夜勤勤務者から日勤勤務者へ引き継ぎがなかった ・従業者間で、作業内容の理解に違いがあった ・作業終了の確認方法を決めていなかった ・作業現場における指示の出し方を決めていなかった ・作業現場における確認方法を決めていなかった 4. 連携による要因 ・従業者間連携の具体的役割分担を決めていなかった ・情報共有する情報媒体（ノート、メモ帳、PCなど）が適切でなかった ・連携して作業を実施することに慣れていなかった 5. 職場の要因 ・勤務割から十分な休息を取れる環境になかった ・上司、同僚との人間関係が良くなかった ・上司、同僚に質問しにくい雰囲気があった ・上司、同僚に意見を言いにくい雰囲気があった ・部署間での連携が不十分であった	1. 組織・体制による要因 ・作業の体制を設けていなかった（個人任せ） ・作業のチーム編成が適切でなかった ・作業従事者の役割分担が適切でなかった 2. 人員配置による要因 ・当日休業者を補う人員を配置しなかった ・必要な人員数を当初から配置していなかった ・従業者の力量に合った配置となっていなかった 3. 指示・指導による要因 ・必要な指示を作業前にしていなかった ・作業変更に伴う変更指示をしていなかった ・従業者への監督が不十分であった ・従事する作業者の健康管理が不十分であった 4. 作業計画による要因 ・必要な作業計画を作成していなかった ・作業計画内容が適切でなかった ・作業期限に余裕がなかった ・作業目標が適切でなかった 5. 管理規定・変更管理による要因 ・必要な管理規定を定めていなかった ・規定・マニュアルの記載内容が分かりにくかった ・規定・マニュアルの記載内容が不十分であった ・規定・マニュアルの変更が実施されていなかった ・規定類の変更が従事者へ周知されていなかった 6. 教育・訓練方法による要因 ・必要な訓練、研修を実施していなかった ・研修等の内容が実践的な内容でなかった ・訓練を実施していたが従業者力量を把握評価し管理していなかった 7. 不正による要因 ・利用者への暴力、虐待を抑制する仕組みがなかった ・利用者への人権侵害を抑制する仕組みがなかった ・利用者の財産減失を抑制する仕組みがなかった 8. 組織要因・企業風土による要因 ・ルール違反が黙認されていた ・不都合な情報が報告されないことが常態化していた ・過去の事故・ヒヤリハット等の経験が反映されない ・経費節減等が優先され評価される ・不適切な行為を見て見ぬ振りをしていた ・他職場のことには口を出さない風土

2) 再発防止策の「対策」欄の記入

　図表4-3の様式例左側の「発生要因」との対応を考慮するとともに、5Eを考慮した再発防止策を「対策」欄に記入します。当然のことですが実現不可能な内容については対策にはなりません。4M（または5M）の区分で記入した要因に対応する対策について、5Eを考慮し記入します。その対策の分類例を図表4-5(1/2)と図表4-5(2/2)に類型的な対策例を一覧で示しましたので参考にしてください。また、以下に5Eの区分毎にそのポイントを示します。

①Education（教育・訓練）
- 従業者1人ひとりについて、業務についての必要な知識を学び必要な時に業務で活用できること、業務に従事するうえで適切な意識を身に付けそれを日常業務の活動において持続すること、業務を遂行するために必要な技能を習得しそれを業務において発揮することが求められます。対策については、「○○研修」を実施することなどと具体的に記述します。
- 対人サービスが主たる業務になることと、業務をチームで協力し合って業務を遂行することが必要になることから、人間を良く理解し行動できることが大切となります。コミュニケーション能力に関する対人対応スキルを高める訓練に力を入れて行ってください。コミュニケーションが悪いとヒューマンエラーが発生しやすくなります。マナー、傾聴、表現力、感情をコントロールするアンガーマネジメント、コミュニケーションスキルなどがあります。勧めたいものとしてNLP（Neuro Linguistic Programming：神経言語プログラミング）があります。NLPは、欧米を中心にカウンセリング分野などの現場から生まれ、人間心理とコミュニケーションに関する学問です。人間の心の仕組みを理解すること、他人との信頼関係づくり、感情・思考をコントロールすることに活用できるコミュニケーション能力を向上させるスキルです。医療の現場や教育、ビジネスの場、育児など様々な分野で活用されています。

- 教育が目的でなく業務に能力を発揮してもらうことが目的となるので、教育・訓練を実施しただけでは意味がありません。研修等をやりっぱなしにせずに従業員１人ひとりの必要な能力についての力量を把握・評価し、それを事業所として活用し向上させていくことが大切です。
- 組織要因に関係するところとして、「事業所全体でのディスカッション」をとりあげておきたいです。業務は１人だけで遂行できないのでチームワークが必要となります。このため従業者間がお互いに知り合うことが必要です。火災や地震等の非常時にもお互いの気心を知っていることが事業所として力を発揮できる拠りどころとなります。日頃の事業所内の各種会議などにおいて議論をしてお互いを良く知っておくことが大切です。事業所の運営理念などをテーマとして、事業所全体でじっくり意見を出し合って話し合いをすることも役立ちます。

②Engineering(技術・工学)
- 事業所で使用する設備機器について、定期的な点検を実施することが事故を未然に防ぎ正常に設備機器を使用するうえで大切です。点検記録の取り方について工夫することにより、設備機器の劣化等の傾向を読み取り劣化を事前に把握することもできると考えます。
- 福祉サービスに使用する設備機器以外に、消防設備について、実際に稼働させて定期的に点検することが必要です。通常の法定の年２回の消防避難訓練の機会に操作訓練と併せて点検を実施するようにすると良いと思います。万が一の火災事故において、消防設備の誤操作や設備不良で的確に動作しないことは、人命に係わることでヒューマンエラーとして最悪です。
- 防災設備についても、忘れずに定期点検時に操作法の訓練を実施し、正常に設備を動作させることを確認してください。
- 直接の人身事故につながりませんが、パソコン（ＰＣ）などのＩＴ機器についてもソフトの最新バージョン管理などの点検を

実施することが必要です。ウイルス感染、個人情報漏洩の事故の未然防止に関係してきます。
- 設備機器をより有効に活用し業務を簡素化する工夫を行うことは、ヒューマンエラーの発生を減じることに役立ちます。

③Enforcement（強化・徹底）
- 曖昧な業務内容については、間違って理解しないように分かり易く記述した規定・マニュアルを作成することが基本です。
- 規定・マニュアルを変更した場合は、すみやかに従業者全員に周知するとともに、事業所内に配備してあるファイルを漏れがないように差し替え更新することが必要です。更新が徹底されずに古いマニュアルを使用し事故を起こしてしまうケースもあります。ＰＣ内に規定類を入れておき事業所内で利用する場合はこの心配はありませんが、一方で災害時等の停電時でＰＣが使用できない場合への対処法を講じておく必要があります。
- 業務を従業者個人の属人性に依存しすぎないように配慮しておくことも大切です。業務フローの明示化や規程・マニュアルの作成を行うことにより、業務の内容を「見える化」しておくことがヒューマンエラーを減らすうえで役立ちます。
- 業務環境は常に変化するものと認識し、業務の実施方法について評価し、必要に応じて見直しを継続的に実施していくことが大切となります。
- 日常業務の中において危険予知活動（ＫＹＴ）を取り入れておくことが有効となります。エラーを発生させるかもしれない、事故を発生させるかもしれないという危機感の醸成と、危険に気付く力を育成します。

④Example（模範・事例）
- 過去の事故事例、他事業所事故事例、ヒヤリ・ハット事例に従業者１人ひとりが当事者として学ぶとともに、互いに学び合う職場づくりをして、それを組織文化としていくことが大切です。
- 施策として推進していくためには、何らかのインセンティブが

働く仕掛けづくりを工夫することが役立ちます。

⑤Environment（環境）

- ヒューマンエラーの発生要因として作業環境が影響している場合がありますが、一般的に気付きにくいケースが多いです。何か問題点があるのではと意識して職場の環境を点検することが必要となります。ＰＣでデータ入力を行う作業をしている人の入力ミスが多くあり、その原因はその人の属人的な要因であるとみなされていた事象があり、実は座席の位置関係でＰＣ画面に照明の光が映り込み画面を見にくくしていたことが影響していたという事例があります。
- 普段の平常時の作業環境だけでなく、災害時等の停電時を想定した作業環境や地震等における什器倒れによるケガをしないような作業環境であるかなどを評価しておくことも必要です。

事故報告書の記入例を図表4-6（表面）、図表4-7（裏面）に示してみましたので参考にしてください。

図表4-7における「原因分析と再発防止策」について補足し説明しておきます。左側の「原因分析」欄と右側の「対策」の欄の記述については、無理に1対1に対応させる必要はありません。再発防止策を講じるためには、「発生要因」において出来るだけ「管理（Management）」に関係する内容を記述するように努力してみてください。従業員などの属人的な発生要因だけになってしまうと「たまたま運悪く個人的な対応が適切でなかったことが原因」と一過性の対策のみがなされてしまう恐れがあります。

「対策」欄については、「人（Man）」、「環境・情報（(Media)）」と「使命・任務（Mission）」などの「発生要因」にトータル的に関係する対策が、「管理（Management）」の「対策」欄に帰結してきます。この欄の「対策」の内容が形式的でない実質的なものになってくると「再発防止策」を講じることが出来るようになってくると考えます。

図表 4-5(1/2)　4M－5Eによる対策の分類例

5Eの区分	4M(Man・Machine・Media・Management)の区分を考慮した対策例
Education （教育・訓練） 業務遂行のために必要な能力、意識を向上させるための方策	1．知識教育 業務を遂行するために必要となる知識を得ることと、その向上を図るための方策。 ・講習会を開催する。 ・説明会を開催する。 ・作業マニュアルを作成する。 ・講習会・説明会等の教材を作成する。 2．意識教育 法令、マニュアルを遵守し、業務を適正に遂行するモラル向上を図るための方策。 ・定期的な講習会を開催する。 ・定期的な説明会を開催する。 ・ミーティングを行う。 ・講習会・説明会等の教材を作成する。 3．技能訓練 業務を遂行するのに必要な技能の向上を図るための方策。 ・説明会を開催する。 ・講習会を開催する。 ・OJTを行う。 ・ロールプレイイング研修を行う。 ・関係する資格取得を推奨する。 4．対人対応スキル訓練 心理学、コミュニケーションに関わる人間について理解すると共に、共感力、受容力、表現力などを実践発揮できるための方策。 ・講習会を開催する。 ・ロールプレイイング研修を行う。 5．事業所全体でのディスカッション 事業所における管理者を含めた従業員間の話し合いによりお互いを知り、互いにものを言うことができる職場づくりをするための方策。 ・従業者による「事業所運営の理念」「行動指針」づくりを行う。 ・定期的なサービス向上会議等を開催する。 ・職場の課題解決の会議を開催する。
Engineering （技術・工学） 安全性を向上させるための設備、方法の技術的な方策	1．設備機器の改善 設備機器を点検し整備し必要に応じて設備を新しくするための方策。 ・安全衛生委員会による点検を行う。 ・事業者内定期点検を行う。 ・IT機器のリスク点検を行う(個人情報漏洩、ウィルス感染等)。 2．設備機器の適切な使用訓練 安全に正しく機器を使用するための方策。 ・講習会を開催する。 ・消防訓練、災害時訓練での設備機器の使用訓練を実施する。 ・設備機器の利用マニュアルを作成する。 3．設備機器をサービス向上に資する研修（PCソフトを含む） 業務をよりシンプルかつ効率的に遂行するための方策。 ・設備機器の利用工夫の勉強会を実施する。 ・便利な機器を導入する検討会を実施する。

図表 4-5(2/2)　４M－５Eによる対策の分類例

5Eの区分	４M(Man・Machine・Media・Management)の区分を考慮した対策例
Enforcement （強化・徹底） 業務を確実に実施するための強化・徹底に関する方策	1．規定化（業務の明確化と「見える化」） 　業務内容を定型化し業務の簡素化、手順の明確化、サービス品質の維持を図るための方策（新規採用の従業員でも分かり易い表現、内容とすると共に、従業員が互いに業務の内容を分かるようにする）。 ・規定・マニュアルの策定を行う。 ・規定・マニュアルの見直し変更を行う。 ・作業単位での各種チェックリストを作成する。 ・業務フローを作成する（注意ポイントの明示）。 2．評価・指導 　業務内容の適正化を図り、ヒューマンエラーが発生しやすい作業の抽出を行い、その作業実施についての注意喚起を図るための方策。 ・作業内容の評価と作業実施の指導を行う。 ・注意喚起の表示や掲示を行う（マニュアルへの反映）。 3．危険予知活動（KYT）等の実施 　業務における危険個所の抽出や不安全行動についての未然防止を図るための方策（危険を気付く力の醸成）。 ・ヒヤリ・ハット活動を実施する。 ・他事業所を含めた事故等事例から学ぶ研修を行う。 ・作業実施前の危険予知活動（KY活動）を行う。 ・ツールボックスミーティング（TBM）を行う。
Example （模範・事例） 具体的な事例を示す方策	1．模範事例・危険事例の周知 　業務におけるヒューマンエラーを防止する改善事例を学び職場に活かすための方策（学習する組織づくり）。 ・事例集を作成する。 ・事例を題材に学習会を開催する。 ・自事業所内及び他事業所の役立つ事例を収集し職場で発表する。 2．模範事例・危険事例の水平展開 　有効な経験知を組織間で共有するための方策（学び合う組織づくり、組織間の風通しを良くする）。 ・組織間でデーターベースづくりを行う。 ・データベース（事例集）による情報共有する。 ・事業所間・組織間を横断した事例発表会を開催する。
Environment （環境） 作業環境を改善する方策	1．作業環境の改善 　疑問を待たず当たり前に仕事をしている業務に対して客観的な目によりヒューマンエラー要因があるか否かについて点検し、改善するための方策（業務における注意力の向上も図る）。 ・作業スペース・作業動線の点検と見直しを行う。 ・照明、騒音、湿度、温度等の点検と見直しを行う。 ・火災時等の避難経路の確保点検を行う。 ・地震時における什器倒れ防止の点検と耐震対策を行う。 ・災害時等に備えた停電対策、備蓄品確保を行う。 ・災害時等に備えた実践的な防災訓練を行う。

図表 4-6　記入例　　事　故　報　告　書（表面）

報告周知	報告者					
	報告会議名	事故防止委員会		報告年月日	○年　○月　○日	

利用者	フリガナ	エイサン	保険者名	○○市	
	氏　名	Aさん	被保険者番号	記号○－△△番号1234	
			要介護度	要支援・<u>要介護</u>　2	
	性　別	男・<u>女</u>　年齢　87　歳	認知症の程度	無し・<u>軽度</u>・中度・重度	
	住　所	〒○○　　○○市　△△町1－2－3			

事故の概要	事故件名	ベッドからトイレへ行く途中での転倒事故
	事故種別	■骨折　□打撲・捻挫・脱臼　□外傷　□肺炎　□感染症（　　　　）□その他（　　　　）
	発生日時	○年△月○日(水)4時30分頃　発生場所　居室ベッド横
	発生時状況	□介護中　□見守り中　□職員不在時　■利用者単独時　□その他（　　　　）
	第一発見者	職員B　　　　　　　　　発見の動機　見守り巡回
	従事担当者	職員B　　　　　　　従事(経験)年数：　5　年、資格(介護職員初任者研修)
	事故の原因	■転倒　□転落　□誤嚥　□誤飲　□誤与薬　□異食　□施設設備　□感染症　□その他（　　） ベッドからトイレに行くにあたり、歩行器を使わず歩いたため転倒。
		過去3ケ月以内の同一利用者に関する事故の有無　　有・<u>無</u>
	事故の内容 （発生時の状況） （経　緯） （けが等の状況）	・2時：巡回時には眠っていた。 ・4時：居室で物音がし訪室。ベッド横で尻もちを着いたような体位で動けずに床に座っているのを発見。本人が「歩行器を使わずにトイレに行こうとして転んだ」と言っている。左大腿部～股関節にかけ痛みの訴えあり。 ・経緯：歩行器を使用し歩行していた。最近、歩行時にふらつきが見られていた。

事故時の対応	バイタル測定	直後測定（　4時　△分）：Kt 36.5℃　、Bp　140/82　、P　71　、R　20　、SpO2　97　% 2回目測定（　6時　○分）：Kt 36.8℃　、Bp　130/70　、P　65　、R　18　、SpO2　98　%
	救急車出動要請：	時　　分頃
	看護師への連絡：	4時10分頃、看護師からの指示：患部の安静保持とクーリングの指示。 看護師が4時45分出勤し状態確認。左股関節の腫脹が見られ骨折の可能性ありとの判断。
	管理者への連絡：	5　時　△分頃。管理者からの指示：朝、管理者から家族に連絡し、状況を説明し、受診する旨の了解を得て連絡するので、それから受診するように指示あり。
	協力医療機関への連絡：医療機関名（　○○△△　　）　4時50分頃：看護師から連絡。 医師からの指示：朝に受診するよう指示あり。	
	受診医療機関名　　○○△△	
	診断・治療の概要 ・8時受診し、入院。 ・レントゲン検査の結果、左大腿骨骨頭部骨折の診断あり。△月△日手術予定。	
	家族への連絡　　○　年　△　月　○　日（水）　7時　30　分頃	
	事業者側連絡者　　管理者C	家族の対応 ・Aさんの転倒した状況を説明し、骨折している可能性があるので、病院受診を伝える。受診について、了解をいただく。
	家族側連絡受者　　Dさん 　　　　　　　　　　（続柄：長男）	

108

図表 4-7　記入例　　原因分析と再発防止策（裏面）

区　分	発　生　要　因	対　策
人 （Man） （本人以外の同僚、上司も含む） ・身体的状況 ・心理的、精神的状況 ・立ち位置、配置 ・技量、知識 ・コミュニケーション	本人 ・歩行器を使用しないでトイレまで歩こうとした。 ・夜なので職員に遠慮しコールを押さなかった。 ・足腰に筋力が衰えてきていた。 職員 ・利用者のADL変化に対してリスク意識が薄かった。 ・トイレに行く時はコールを押してくれると思っていた。	・ベット横に「歩行器使用」「トイレ時コール」などお願い事項を貼紙し注意喚起をする。 ・足腰のリハビリテーションの実施。 ・歩行器利用の利用者へ就寝時に笑顔で「コールボタン押しお願い声掛け」等を行う。
物・機械 （Machine） ・機器固有の要因 ・強度、機能、品質、 ・配置	・ベットから起きる時に離れたところに歩行器が置いてあった。 ・歩行器の置いてあるところが夜間に暗く見えにくかった。 ・ベットとトイレとの距離が離れていた。	・就寝時に歩行器をベットの近くに置く確認をする。 ・歩行器の取っ手等に夜行塗料のステッカー等を貼付し暗い所でも目立つようにする。 ・ベット横にセンサーマット設置の検討。 ・ポータブルトイレ設置利用の検討。 ・ベットを置く位置の検討。 ・ベットからトイレまでの手すり等設置検討。
環境・情報 （Media） ・自然環境（気象、地形等） ・人工環境（施設、設備、マニュアル、チェックリスト、連携、勤務状況	・居室は夜間に電気を点けておらずに暗かった。	・LED豆電球等の省エネでかつ、適度な明るさの常夜灯の利用検討。 ・歩行時に転倒リスクがある利用者への就寝時の対応についてのチェックリストを作成し対応する。
使命・任務 （Mission） ・作業の目的、目標 ・職務責任の役割分担 ・仕事の期限の設定		
管理 （Management） ・組織 ・管理規定 ・作業計画 ・教育、訓練方法	・利用者へ夜間にコールボタンを遠慮なく押して貰うために職員との関係づくりが弱かった。 ・ADL変化に対応したタイムリーなケアプランの見直しがされていなかった。 ・ADL変化のある利用者へのリスク意識が低かった。	・コールされたら「コールありがとう」の一声を笑顔で返す活動の実施。 ・居室環境等ハードとソフトのケアプラン見直し。 　・歩行器利用者居室の環境点検・整備。 　・センサーマット、ポータブルトイレ利用検討。 　・トイレに行くのにに対して、排泄パターンを把握し、能動的なトイレ誘導声掛けの実施。 ・ADL変化のある利用者へのケアにおけるリスク意識喚起を全職員へ周知。
特記事項		

(4) 再発防止策についてのフォロー

　ヒューマンエラーによる事故に対する事故分析を行い、発生要因の見極めと実行可能な範囲での対策を決めます。この改善のための対策をしっかりと実行するとともに、同時にその対策の効果があるか否かを評価し、あまり有効な対策でない場合は見直しを行い、違う対策を講じる必要が出てきます。決めたことを放置しないで、いわゆるＰＤＣＡ（Plan；計画、Do；実行、Check；検証、Act；改善）サイクルを継続的に回していくことが肝要です。

　事故が発生し事業所内の事故防止委員会等において、せっかくその再発防止策を議論し対策を決め議事録整理を図っても、数か月後、半年後など、そのことについて分からなくなってしまうおそれがあります。それを防ぐ工夫として、原因分析と再発防止策を整理したものに併せて、その対策の実施進捗状況を記録し評価する様式にする案もあります。この方法は、発生した事故と対策を同じ帳票で一体化して管理できるメリットがあります。その管理に使用する様式例として「事故の原因分析およびアクション管理シート」を図表 4-8 に示します。

　しかし、事業所として、複数の改善策に取り組んでいる場合には、バラバラになってカテゴリー毎の進捗状況などが分かりにくくなってしまうデメリットがあります。その場合には、再発防止策を同じようなものを類型化し取りまとめ管理することの方が良いでしょう。

　簡易なものとしては事故報告書の裏面として例を示した図表 4-3「原因分析と再発防止策」の「対策」欄の右に評価欄等を設けた様式にする方法もあります。

図表 4-8

事故の原因分析およびアクション管理シート

管理番号：　　　　　　　　　　　　　　　　　　　　　　　　　　　　　　　　　　　報告年月日
　　事故発生年月日
　　作成責任者

4M手法による切り口	[問題点] (事故の原因と問題点を整理して記入)	[アクション](当該アクション事項でそのエラーの発生を防止できるかを検討する)				アクション事項の進捗管理(誰が、誰に、何時)		
		アクション事項 (お客様に納得が得られることを考慮)	期日	対象部門	具体的実施方法 (実施責任・定着方法・確認時期・報告方法等を記述する)	実施確認 周知／報告	定着確認 確認／報告	有効性評価
Man 1. 内的要因 (本人の考えや行動) ※心理的内容 ・スキル・経験・意識フェーズ	1.							
2. 外的要因 ・本人の誤った行動に対する作業仲間・上司・お客様等との相互コミュニケーションの内容	2.							
Machine [装置の大脳・特殊性] ※人と装置のインターフェース不調等物的条件 ※装置の操作性と人の能力の対応等								
Media [作業環境又は作業媒体] ※作業方法等の作業環境や仕事のやり方などの仕組み ・作業手順・作業時間 ・作業情報・用紙類 ・作業場所・照明 ・役割分担　等								
Management [管理運体制] ・作業マニュアル・業務規定類の維持・管理 ・作業体制の指示監督 ・スキル維持、向上の訓練 ・作業の判断基準　等								

111

3．ヒヤリ・ハット活動の実際

(1) 事例報告と要因分析・対策の様式作成
　発生頻度が低いヒューマンエラーによる事故と異なって、ヒヤリ・ハット事例報告の件数は多いことが予想されます。このため、従業員の立場からヒヤリ・ハット事例を報告しやすいことが求められます。また、報告された事例を事業所内の他の従業員がそれを見ることにより、ヒューマンエラーによる事故発生を未然に防止することの学習に役立つことも求められます。

　これらのことから、様式を作成するのにあたって考慮すべきポイントを以下に示します。自事業所の業態に則した報告様式を予め作成しておくことは、ヒヤリ・ハット活動を一定のレベルに維持する上で必要なことです。様式は、活動を行いつつ従業員の意見を取り入れながら柔軟に試行錯誤をして変えていくという姿勢が大切です。

①報告記録としての必要な記録内容を備えていること
　　ヒューマンエラーによる事故を未然に防止するうえで、不安全行動や不安全状態とならないように具体的なアクションを取ることが出来るような内容であることが必要です。ヒヤリ・ハット事象を直接要因だけでなく、なるべく広い視点で背景要因も含めて理解する気付く力を身に付けることが求められます。事故分析において４Ｍ手法を採用しているので、ヒヤリ・ハット事例報告様式についても、４Ｍ手法に沿ったものであることが望まれます。また、当たり前ですが事業所のサービス提供業態の実態に合致した様式を工夫して作成することが大切となります。

　　通常の職場内でのミーティングにおいては、なるべく管理的な内容の組織要因に関わることで気になる事項の改善が報告されることが望まれます。当該事項が書きやすくなるように関連の欄が設けてあると書き易くなります。また、ヒヤリ・ハット事例の場面を文章のみでは表現しにくい場合があるので、図で表現できるように図を書けるスペースもあると便利です。

②**従業者が報告記録するうえで簡易で提出しやすいものであること**
　ヒヤリ・ハット活動を始める当初は、簡単に報告書を作成しやすいように選択式を採用するなど出来るだけ簡素な様式にして、一定期間後に記述式へ移行していく方法も良いでしょう。事業所の活動レベルに合わせて様式も変更していくことが必要です。
　また、従業者が報告することに対して心理的に躊躇しないように配慮することも必要です。例えば、「職場内に周知する場合は、匿名化します」など予め記述しておくことも有効でしょう。

③**報告書を事業所内で学習資料として活用しやすいものであること**
　様式を作成する場合、ややもすると管理側で役立つような内容の様式を作ってしまいがちですが、従業者が当該報告書等を読んで自己の行動に反映できるなど自己学習に役立つ内容であることが望まれます。事例をデータベース化等して蓄積しキーワードで検索し活用できるようなことも考慮しておきたいところです。

④**従業者と管理者の職場改善の意思疎通ツールであること**
　利用者の安全のためという大義名分があると、サービスの改善や職場の改善に関わることについて、管理者に対して発言しやすくなります。このためヒヤリ・ハット事例報告に対しては、管理者は忙しくても必ずタイムリーにフィードバックすることが必要です。これを怠ると活動は立ち消えとなります。フィードバック漏れを防ぐ意味で、報告書様式に予めフィードバック等欄を入れておくと良いでしょう。

　ヒヤリ・ハット事例の報告書の様式例を図表4-9に参考に示します。示した様式は、これだけは書いて欲しいという内容項目を含めてあります。最初からすべての欄を記入するのは慣れないと大変と思いますので、書けるところだけ記入する使い方で始めれば良いと考えます。もっと簡素な様式でヒヤリ・ハット活動を取り組み始めて、事業所内で話合って様式をどんどん変えていく方法も有効です。

図表 4-9　　　　　　　　ヒヤリ・ハット（インシデント）報告書

								報告者

報告会議名		報告年月日	年　月　日
報告件名		報告作成年月日	年　月　日
		報告書作成者	

ヒヤリ・ハットの種別	□転倒　□転落　□誤嚥　□誤飲　□誤投薬　□異食　□その他（　　　　　） □施設・設備　□感染症（　　　　　）					
ヒヤリ・ハットの概要	フリガナ 利用者氏名		男・女 歳	要介護度 認知症の程度	要支援　、要介護 無し・軽度・中度・重度	
	発生日時		発生場所			
	発生時の状況	□介護中　□見守り中　□職員不在中　□利用者単独時　□その他（　　　　）				
	気付いた人	□従事当事者職員　□他職員　□利用者本人　□家族　□他利用者　□その他（　　　）				
	内容 （発生した場面） （気付いた動機） （利用者状況） （自分の状況） （　経　緯　） （利用者影響度）					

発生後の利用者の様子	
家族への連絡	□連絡した：　　年　月　日（誰から　　　　家族の　　　　　様へ） □連絡しない

発生要因分析と対策の検討

区分	迷ったこと・発生要因と思ったこと	改善して欲しいこと・再発防止のための改善策
人 ・当事者、当事者以外 ・身体的・心理的状況 配置、技量、知識、 コミュニケーション		
物・機械 ・機器の機能、強度 品質、配置、		
環境・情報 ・気象、地形、施設設備 マニュアル、連携 勤務状況		
使命・任務 ・作業の目的、目標		
管理 ・組織、管理規定、 作業計画、 教育・訓練方法		
特記事項	ヒヤリ・ハットから学んだこと等	

対策の実施状況と見直しの必要性についてチェック	チェック実施者		実施日	年　月　日	管理者

(2) ヒヤリ・ハット報告書の記入

ヒヤリ・ハット事例の報告書の様式例として示した図表 4-9 に則り、各欄の記載するポイントについて以下に説明します。

①報告書閲覧の欄

- 報告者：誰が作成し、いつ報告したかが分かるようにしておくと良いです。
- 事業所内の利用者へのサービスに関わる担当者等への周知が全員へ周知したか否かを記録できるようにしておくと良いです。未閲覧者名が分かるようになっていると良いです。
- 当該事故報告を事業所内で周知・ディスカッション等した会議名も記録できるようにしておくと良いです。

②報告件名の欄

- ヒヤリ・ハット事例の特徴に合致した件名を記入します。報告書作成のまとめの段階で記入しても良いです。事例内容を事業所等単位でデータベース化している場合は、検索するキーワードを入れた件名とすることが良いでしょう。

③ヒヤリ・ハット種別の欄

- 事業所内で集計分析するカテゴリー毎に、あらかじめ種別を記載しておき選択できるようにしておくと良いです。

④ヒヤリ・ハットの概要の欄

- 利用者氏名：氏名、年齢、要介護度のランク、認知症の疾病有無・程度について記述します。
- 発生日時・発生場所：基礎情報として記録します。発生場所は改善の手掛かりとなるケースがあります。事業所として分析したい場所の区分があれば、予め報告様式にその区分を記載し選択できるようにしておくと良いです。
- 発生時の状況：事業所で集計分類したい区分で選択できるようにしておくと良いでしょう。
- 気付いた人：ヒヤリ・ハット事象に誰が危ないと気付いたかも大切な情報です。従業者自ら気が付く件数が増えていくことが

望まれます。また、「他職員」が気付いたヒヤリ・ハット事例件数が増えることも良いことです。お互いに気が付いたところを指摘できる職場になってきていることを意味しているからです。不安全行動を見て見ないふりをしている職場は、そのうちに事故が発生してしまうでしょう。
・内容：発生した場面、気付いた動機、利用者の状況・利用者の影響度、自分の状況、時系列等の経緯などのヒヤリ・ハット事例の内容を記述します。示した様式には、図を書くスペースを設けていませんが、手書きで図を書き込める様式にする工夫や、必要に応じて裏面に図を書き込むようにしても良いです。

⑤発生後の利用者の様子の欄

　ヒヤリ・ハット事象が発生した後の利用者の様子について、「普段の状況に戻った」「ちょっと、○○が気になる」「○○の様子が見えたら、○○について注意を払う」など利用者のケアに役立つ情報などを記しておくと実際のケアに役立ちます。

⑥家族への連絡の欄

　事故とはならなかったものの発生したヒヤリ・ハット事象について、家族へ知らせておいた方が良いと判断する場合は家族へ連絡しておきます。その連絡の記録を記す。特に連絡しておく必要がない場合は、「連絡しない」を選択しておきます。

⑦発生要因分析と対策の検討の欄

　事故分析で示した同じ４つのM、もしくは５つのMの区分を考慮し、「迷ったこと・発生要因と思ったこと」欄に該当する事項を、「改善して欲しいこと・再発防止のための改善策」欄に該当する事項をそれぞれ記述します。なるべく従業員の素直な声を反映するようにしたいところです。ヒヤリ・ハット活動が定着するまでの当初は、まずは、ヒヤリ・ハット事例の報告がどんどん出てくるようにすることが大切です。特に「改善して欲しいこと・再発防止のための改善策」欄の記載は、担当者の貴重な建設的な意見となるので、管理者のフォローが必要です。余白などにコメント

を記入する方法もあります。図表 4-10 に事例を示します。
⑧特記事項の欄
- ヒヤリ・ハット事例を体験した当事者本人がヒヤリ・ハットから学んだことなどを書いて貰うようにすると良いでしょう。

⑨対策の実施状況と見直しの必要性についてチェックの欄
事業所内で決めた改善策は、従業者の貴重な提案の一つなので、会議等で決めっぱなしにせず必ず組織として後フォローをする必要があります。
- チェック実施者・実施日：管理者等が責任をもってチェックをします。事業所内の体制が整えば、事務局等の担当者がチェックを行うのも良いでしょう。事業所の活動レベルが向上してくれば、持ち回りで事務局を担当すれば人材育成に役立ちます。

5M－5Eのアプローチ以外に、ヒューマンエラーが、「どんな心情のとき」「どんなことが起因となり起こるのか」ということに着目し整理してみることも役立ちます。谷村（1995）は、ヒヤリ・ハット報告の心の訴えの内容について、心身機能を①場面把握（五感で捉えた情報から作業に必要な注意点を探り出す）、②思考の統合（作業に必要な注意点から考えて価値意識をもって判断する）、③感情・情動（思考統合に直接関係する喜怒哀楽の機能）、④作業・行動（決めたことを全身の機能を使って作業する機能）の4つの機能区分に分けて、その区分毎に直接要因（人、作業、モノ・環境）と対策例を整理しました。その一覧表を作成したので図表 4-11(1/2)と(2/2)に示します。

また、消防避難訓練や災害訓練において、ヒヤリとしたことやハットすることについても、ヒヤリ・ハット活動の対象として欲しいと考えます。火災や地震等の災害が発生した時、問題を把握しても手遅れで役立ちません。このためには、訓練をできるだけ実際の状況を想定し行うことが必要となります。巻末の資料5、資料6は、火災時を想定した消防活動や避難活動のソフト面とハード面の対策として役立つと考えて掲載しましたので参考にしてください。

図表4-10 事例　　ヒヤリ・ハット（インシデント）報告書

				報告者
				職員B

報告会議名	事故防止委員会	報告年月日	○○年 1月7日
報告件名	昼食後におけるリビングでの転倒	報告作成年月日	○○年 1月5日
		報告書作成者	職員B

ヒヤリ・ハットの種別	■転倒　□転落　□誤嚥　□誤飲　□誤投薬　□異食　□その他（　　　） □施設・設備　□感染症（　　　　　　）

ヒヤリ・ハットの概要 （発生した場面） （気付いた動機） （利用者状況） （自分の状況） （経緯） （利用者影響度）	フリガナ	エイサン	男・⑨	要介護度	要支援2、要介護
	利用者氏名	Aさん	84歳	認知症の程度	無し・軽度・中度・重度
	発生日時	○○年1月5日	発生場所	食堂兼リビング	
	発生時の状況	□介護中　□見守り中　□職員不在中　□利用者単独時　■その他（昼食後の休憩時）			
	気付いた人	□従事当事者職員　■他職員　□利用者本人　□家族　□他利用者　□その他（　）			
	内容	利用者： 昼食後で服薬支援の順番待ちで、テレビを見ながら休憩中に、利用者Aさんがトイレに行こうと席から立ち上がり歩こうとした時、床に落ちていた食べこぼしに足を滑らし転倒しそうになった。自ら椅子を掴み転倒せずに済んだ。 職員B： 他利用者の食後の服薬支援を1人ひとり順番に行っていた。			

発生後の 利用者の様子	転びそうになり驚いた様子だったが、特に何もないようであった。

家族への連絡	□連絡した：　　年　月　日（誰から　　　　　　家族の　　　　　様へ） ■連絡しない

発　生　要　因　分　析　と　対　策　の　検　討

区　分	迷ったこと・発生要因と思ったこと	改善して欲しいこと・再発防止のための改善策
人 ・当事者、当事者以外 ・身体的・心理的状況 配置、技量、知識、 コミュニケーション	・食後に床に食べこぼしが落ちたままになっていたこと。 ・食事が早く終わった人から順番に服薬支援を開始して、それに注意力をとられてしまい床の状況まで気が回らなかった。 ・Aさんは自力でトイレに行けたので、Aさんが席を立って歩こうとしたことに対して見守りをする意識が弱かった。 ・Aさんは、老眼で床に何か落ちているなどの状況に気付きにくかった。	・利用者1人ひとり毎が食事を終え膳を下げるとき、周りの床に食べこぼしやお茶がこぼれているか否かをチェックし、汚れていたらすぐに拭きとる。 改善策の提案ありがとうございます。次の作業を始める前に、その都度毎に、安全に関わる点検と始末を確実に行ってから、次の作業を行うことは大変良いことと思います。 とりあえず職場で実施してみて後で対応策を評価してみましょう。 　　　　　　　　管理者C
物・機械 ・機器の機能、強度 品質、配置、		
環境・情報 ・気象、地形、施設設備 マニュアル、連携 勤務状況		
使命・任務 ・作業の目的、目標		
管理 ・組織、管理規定、 作業計画、 教育・訓練方法		

特記事項	ヒヤリ・ハットから学んだこと等： リビングの床を油断せずに常に安全に保つことが大切であることを認識した。

対策の実施状況と 見直しの必要性に ついてチェック	チェック実施者		実施日	年　月　日	管理者

118

図表 4-11(1/2)　ヒューマンエラーにおける「心の訴え」毎の要因分析と対策例

機能区分	エラーにおける「心の訴え」	直接的要因 人	直接的要因 作業	直接的要因 モノ・環境	対策例
場面把握 (五感で捉えた情報から作業に必要な注意点を探り出す)	①良く見えない、聞こえない	・視力減退 ・聴力減退	作業位置が悪い	・照明環境が悪い ・騒音環境が悪い	・環境の整備 ・レイアウト見直し ・教育・学習 ・危険予知訓練（KYT） ・設備等の安全化 ・メモ癖、確認癖をつける（指さし確認、声だし確認等） ・作業方法、作業指示の見直し
	②気が付かない	・知識不足 ・経験不足	注意点が多く気付きにくい	・作業環境が悪い ・レイアウトが悪い ・設備等の機能が複雑で分かりにくい	
	③忘れていた	・一過性健忘 ・記憶力低下	・注意点が多く一つを忘れる ・指示事項が多い ・非日常作業で急所を忘れた	設備等の機能が複雑で覚えきれない	
思考統合 (作業に必要な注意点から、考えて、価値意識をもって判断する)	④知らなかった	・知識・経験が乏しかった ・ルールを知らない	・仕事のやり方の手順・急所を把握しにくい ・トラブル処理を知らない	設備等の機能性能が良くわからない	・知識・技能教育の充実 ・パターン知識（定石）による効率的な判断をできるようにする訓練 ・チームで判断する訓練 ・曖昧でない誰でも理解できる判断内容を表示し作業基準を作成する
	⑤深く考えなかった	・慣れた作業で考えずにやった ・考えるのが面倒だった	・考えずにやれる作業だった ・単純作業で気を抜いた		
	⑥大丈夫と思った	・作業に自信があり過ぎた ・経験のみに頼り過ぎた ・ルールに違反しても危ないと思わなかった、	・今までのやり方で支障なかった ・叱られるまでやるという甘い考えだった		

出典：谷村冨男（1995）から作成

図表 4-11(2/2)　ヒューマンエラーにおける「心の訴え」毎の要因分析と対策

機能区分	エラーにおける「心の訴え」	直接的要因 人	直接的要因 作業	直接的要因 モノ・環境	対策例
感情・情動（思考統合に直接関係する喜怒哀楽の機能）	⑦あわてていた	・慌てるくせがある ・上司にあおられると気が焦る ・慌てて緊張すると急所を忘れる	トラブル時つい急ぐ		・トラブル時への処理訓練 ・上司等は必要以上に「あおらない」こと ・リーダー等が声かけといい聞き役になる ・疲労要因が環境要因、作業要因、個人要因のどれかを見極めての環境整備、設備等の改善、作業時間の調整、作業方法の見直し
	⑧不愉快だった	・嫌々やっていた ・自信がない ・やり甲斐がない ・人と喧嘩をした	・作業指示が一方的で意見を聞いてくれない、 ・作業相手と性格が合わない		
	⑨疲れていた	・体の調子が悪い ・肉体的・精神的疲労	・共同作業で呼吸が合わない ・注意力の持続が必要、 ・重筋労働の持続	・作業環境が良くない ・1人当たりの作業範囲が広い	
作業・行動（決めたことを全身を使って作業する機能）	⑩無意識にやってしまった	・慣れた作業なので反射的に手が動いた、 ・急いでいてつい手を出した	・作業に時間的プレッシャーがかけられた ・急ぐようにあおられた	・設備等の故障で修理を急いでいた	・一呼吸おいた確認の励行、 ・作業に合った確認方法の工夫と作業手順書への明記 ・当該作業の技能訓練 ・現場実地を行い現場に則した無理のない姿勢で行える作業方法への改善
	⑪やりにくかった	・やり方をマスターしていなかった ・やり方が難しかった	・やり方が標準化されていない ・自分流のやり方でやった ・相手と呼吸が合わなかった	・設備等が作業をし易い設計になっていない ・作業標準書がやりにくい	
	⑫体のバランスを崩した	・やってみると無理な姿勢を強いられる作業だった ・高齢のため無理だった	・無理な姿勢で作業をやった、 ・作業方法に無理があった	・作業空間が十分でなかった	

出典：谷村冨男（1995）から作成

資料編

- 資料1
  指定介護老人福祉施設の人員、設備及び運営に関する基準について（抜粋）
  （平成12年3月17日 老企第43号）

- 資料2
  介護保険事業者における事故発生時の報告取扱要領の例

- 資料3
  社会福祉施設等における感染症等発生時に係る報告について
  （平成17年2月22日）

- 資料4
  社会福祉施設等の利用に係る消費者事故等の通知について（再周知）
  （平成27年5月29日）

- 資料5
  全国消防長会「小規模社会福祉施設における避難誘導体制の確保」（抜粋）
  （全消発第338号平成21年10月27日）

- 資料6
  東京消防庁「小規模社会福祉施設の防火安全対策」

- 参考文献

資料1

指定介護老人福祉施設の人員、設備及び運営に関する基準について（抜粋）

（平成12年3月17日　老企第43号）

（各都道府県介護保険主管部（局）長あて厚生省老人保健福祉局企画課長通知）

31項　事故発生時の対応（基準省令第35条）

（1）事故発生の防止のための指針（第1項第一号）

　　　指定介護老人福祉施設が整備する「事故発生の防止のための指針」には、次のような項目を盛り込むこととする。

［1］　施設における介護事故の防止に関する基本的考え方
［2］　介護事故の防止のための委員会その他施設内の組織に関する事項
［3］　介護事故の防止のための職員研修に関する基本方針
［4］　施設内で発生した介護事故、介護事故には至らなかったが介護事故が発生しそうになった場合（ヒヤリ・ハット事例）及び現状を放置しておくと介護事故に結びつく可能性が高いもの（以下「介護事故等」という。）の報告方法等の介護に係る安全の確保を目的とした改善のための方策に関する基本方針
［5］　介護事故等発生時の対応に関する基本方針
［6］　入所者等に対する当該指針の閲覧に関する基本方針
［7］　その他介護事故等の発生の防止の推進のために必要な基本方針

（2）事実の報告及びその分析を通じた改善策の従業者に対する周知徹底（第1項第二号）

　　　指定介護老人福祉施設が、報告、改善のための方策を定め、周知徹底する目的は、介護事故等について、施設全体で情報共有し、今後の再発防止につなげるためのものであり、決して従業者の懲罰を目的としたものではないことに留意することが必要である。

　　　具体的には、次のようなことを想定している。

［1］　介護事故等について報告するための様式を整備すること。
［2］　介護職員その他の従業者は、介護事故との発生ごとにその状況、背景等を記録するとともに、［1］の様式に従い、介護事故等について報告すること。
［3］　（3）の事故発生の防止のための委員会において、［2］により報告された事例を集計し、分析すること。
［4］　事例の分析に当たっては、介護事故等の発生時の状況等を分析し、介護事

故等の発生原因、結果等をとりまとめ、防止策を検討すること。
［5］ 報告された事例及び分析結果を従業者に周知徹底すること。
［6］ 防止策を講じた後に、その効果について評価すること。

（3）事故発生の防止のための委員会（第1項第三号）

　　指定介護老人福祉施設における「事故発生の防止のための検討委員会」（以下「事故防止検討委員会」という。）は、介護事故発生の防止及び再発防止のための対策を検討する委員会であり、幅広い職種（例えば、施設長（管理者）、事務長、医師、看護職員、介護職員、生活相談員）により構成する。構成メンバーの責務及び役割分担を明確にするとともに、専任の安全対策を担当する者を決めておくことが必要である。

　　なお、事故防止検討委員会は、運営委員会など他の委員会と独立して設置・運営することが必要であるが、感染対策委員会については、関係する職種、取り扱う事項等が事故防止検討委員会と相互に関係が深いと認められることから、これと一体的に設置・運営することも差し支えない。事故防止対策委員会の責任者はケア全般の責任者であることが望ましい。

　　また、事故防止検討委員会に施設外の安全対策の専門家を委員として積極的に活用することが望ましい。

（4）事故発生の防止のための従業者に対する研修（第1項第三号）

　　介護職員その他の従業者に対する事故発生の防止のための研修の内容としては、事故発生防止の基礎的内容等の適切な知識を普及・啓発するとともに、当該指定介護老人福祉施設における指針に基づき、安全管理の徹底を行うものとする。
職員教育を組織的に徹底させていくためには、当該指定介護老人福祉施設が指針に基づいた研修プログラムを作成し、定期的な教育（年2回以上）を開催するとともに、新規採用時には必ず事故発生の防止の研修を実施することが重要である。

　　また、研修の実施内容についても記録することが必要である。研修の実施は、職員研修施設内での研修で差し支えない。

（5）損害賠償（第4項）

　　指定介護老人福祉施設は、賠償すべき事態となった場合には、速やかに賠償しなければならない。そのため、損害賠償保険に加入しておくか若しくは賠償資力を有することが望ましい。

（以下、略）

以上。

資料2

介護保険事業者における事故発生時の報告取扱要領（中野区の例）

（目的）
第1条 この要領は、介護サービス又は、通所介護、地域密着型通所介護及び認知症対応型通所介護事業所で同一事業者が提供する他のサービス（以下「介護サービス等」という。）の提供により事故が発生した場合に、速やかにサービス提供事業者（以下「事業者」という。）から中野区へ報告が行われ、事故の速やかな解決及び再発防止に資することを目的とする。

（通則）
第2条 介護保険法に基づく平成11年3月31日付厚生省令第37号第37条（指定居宅サービス事業において準用）及び第104条の2、同第38号第27条、同第39号第35条（第49条において準用）、同第40号第36条（第50条において準用）、同第41号第34条（第50条において準用）、平成18年3月14日付厚生労働省令第34号第3条の38（指定地域密着型サービス事業において準用）、第35条（第40条の16及び第61条において準用）及び第155条（第169条において準用）、同第35号第53条の10（指定介護予防サービス事業おいて準用）、同第36号第37条（指定地域密着型介護予防サービス事業において準用）、同第37号第26条の規定による事故が発生した場合の保険者への報告は、この要領の定めるところによるものとする。

（事故の範囲）
第3条 報告すべき事故の範囲は、事業者の責任の有無にかかわらず、介護サービス等の提供に伴い発生した事故とし、原則として以下に該当するものとする。
（1）原因等が次のいずれかに該当する場合
　①身体不自由又は認知症等に起因するもの
　　例）転倒による傷害、徘徊による行方不明等
　②施設の設備等に起因するもの
　　例）器物の落下、転倒、破損等
　③感染症、食中毒又は疥癬の発生
　　感染症とは、「感染症の予防及び感染症の患者に対する医療に関する法律」に定めるもののうち、次のものをいう。
　ア　1～5類の感染症。ただし、5類の定点把握を除く。（ノロウイルス等による感染性胃腸炎の報告については、別途「社会福祉施設等における感染症等発生時に係る報告について」による。）
　イ　新型インフルエンザ等感染症
　ウ　アに相当する指定感染症
　エ　新感染症
　④地震等の自然災害、火災又は交通事故
　⑤職員、利用者又は第三者の故意又は過失による行為及びそれらが疑われる場合。
　　例）職員による利用者の金品着服、書類紛失、誤与薬、利用者同士のトラブル、自殺、外部者の犯罪等
　⑥原因を特定できない場合。
　⑦上記（1）から（6）以外で、特に区が報告を求めた場合

（2）被害又は影響が次のいずれかに該当する場合
 ①利用者が死亡、けが等、身体的又は精神的被害を受けた場合
 ②利用者が経済的損失を受けた場合
 ③利用者が加害者となった場合
 ④その他、事業所のサービス提供等に重大な支障を伴う場合
（3）前2号の規定に係わらず、次の各号のいずれかに該当する場合は、報告を要しないものとする。
 ①利用者が身体的被害を受けた場合において、医療機関を受診することなく、軽微な処置のみで対応した場合
 ②利用者が身体的被害を受けて医療機関を受診又は入院した場合において、診察（診察時の処置も含む。）又は検査のみで、治療を伴わない場合
 ③誤与薬において、医師の指示を仰ぐ必要がなかった場合
 ④老衰等、事業者、利用者及び第三者の責に帰さない原因で死亡した場合
 ⑤その他、被害又は影響がきわめて微少な場合
（報告対象者）
第4条　事故報告の対象者は以下のとおりとする。
（1）事業所所在地が区内の場合は、すべての介護サービス等の利用者について報告対象とする
（2）事業所所在地が区外の場合は、介護サービス等の利用者が区内在住者（住所地特例者を含む）の場合とする。

（報告事項）
第5条　報告事項は、以下のとおりとする。
（1）報告日
（2）事業所名、事業者番号、所在地、サービス種別、管理者名等
（3）利用者の氏名、住所、電話番号、被保険者番号、年齢、性別、要介護度
（4）事故発生時の状況
 ①発生日時
 ②発生場所
 ③事故の概要（原因、経緯、被害状況等）
 ④事故時の対応等
（5）事故後の状況
 ①利用者の状況（事故対応後）
 ②再発防止への取り組み
 ③その他
 2　報告は、事故報告書（様式1）・事故経過兼最終報告書（様式2）により行なう。ただし、第5条に定める報告事項が明記されている書式であれば代替して差し支えないものとする。
　　また、複数の当事者が存在する事故については、当事者ごとに報告することを原則とするが、利用者欄以外の記載内容が同じ場合には、当事者一覧（様式3）を添付することにより、一括して報告できるものとする。
（報告の手順）
第6条　事故の報告は、概ね次の手順によるものとする。

（1）第一報
　①事業者は、事故の発生を確認した場合、速やかに家族に連絡するとともに、第5条第1項第1号から第4までの内容について、事故報告書（様式1）により区に報告する。また、居宅サービス等の事業者については、居宅介護支援事業所にも、同様の報告を行うものとする。
　②緊急を要するものについては、事故報告書（様式1）を提出する前に、電話等より迅速な手段により仮報告を行うものとする。
　　　なお、緊急を要するものとは、利用者の死亡又はそれに準ずる重大な事故、又は当該事故により利用者又は利用者の家族とのトラブルが予想される場合をいう。
（2）途中経過及び最終報告
　　事業者は、第一報の後、適宜、途中経過を報告するとともに、事故処理が終了した時点で、第5条第1項第5号の内容を含む最終報告を事故経過兼最終報告書（様式2）により行う。ただし、第一報の時点で事故処理が終了している場合は、第一報をもって最終報とすることができる。この場合、第5条第1項第5号の内容についても、事故経過兼最終報告書（様式2）により行なうものとする。
（区における対応）
第7条　区は、報告を受けた場合は、事故に係る状況を把握するとともに、当該事業者の対応状況に応じて保険者として必要な対応を行うものとする。
　2　対応する事故は、事故当事者が区の被保険者である場合を原則とするが、必要に応じ他の区市町村の被保険者に係る事故についても、当該区市町村と連携し対応するものとする。
　3　重大な事故については、必要に応じて、東京都、東京都国民健康保険団体連合会又は他の区市町村と連携を図るものとする。
（その他）
第8条　その他必要な事項については別に定める。

　　附則　この要領は、平成16年2月1日から施行する。
　　附則　この要領は、平成16年4月1日から施行する。
　　附則　この要領は、平成18年4月1日から施行する。
　　附則　この要領は、平成22年4月1日から施行する。
　　附則　この要領は、平成27年4月1日から施行する。
　　附則　この要領は、平成28年4月1日から施行する。

　　　　　　　　　　　　　　　　　　　　　　　　　　　　　　　　　　　　　以上。

（様式1、2，3については、中野区ホームページを参照ください。）

資料3

健発第0222002号
薬食発第0222001号
雇児発第0222001号
社援発第0222002号
老発第0222001号
平成17年2月22日

都道府県知事
指定都市市長
各 中核市市長　殿
保健所政令市市長
特別区区長

厚生労働省健康局長
厚生労働省医薬食品局長
厚生労働省雇用均等・児童家庭局長
厚生労働省社会・援護局長
厚生労働省老健局長

社会福祉施設等における感染症等発生時に係る報告について

　広島県福山市の特別養護老人ホームで発生したノロウイルスの集団感染を受けて、「高齢者施設における感染性胃腸炎の発生・まん延防止策の徹底について」（平成17年1月10日老発第0110001号）等の中で、速やかな市町村保健福祉部局への連絡等の徹底をお願いしたところであるが、高齢者、乳幼児、障害者等が集団で生活又は利用する社会福祉施設及び介護老人保健施設等（その範囲は別紙のとおり。以下「社会福祉施設等」という。）においては、感染症等の発生時における迅速で適切な対応が特に求められる。

　今般、下記により、社会福祉施設等において衛生管理の強化を図るとともに、市町村等の社会福祉施設等主管部局への報告を求め、併せて保健所へ報告することを求めることとしたので、管内市町村及び管内社会福祉施設等に対して、下記の留意事項の周知徹底を図っていただくようお願いする。

　なお、本件に関しては、追って各社会福祉施設等に係る運営基準等を改正する予定であることを申し添える。また、下記の取扱いに当たっては、公衆衛生関係法規を遵守しつつ、民生主管部局と衛生主管部局が連携して対応することが重要であることから、関係部局に周知方よろしくお願いする。

記

1．社会福祉施設等においては、職員が利用者の健康管理上、感染症や食中毒を

疑ったときは、速やかに施設長に報告する体制を整えるとともに、施設長は必要な指示を行うこと。

2．社会福祉施設等の医師及び看護職員は、感染症若しくは食中毒の発生又はそれが疑われる状況が生じたときは、施設内において速やかな対応を行わなければならないこと。
　　また、社会福祉施設等の医師、看護職員その他の職員は、有症者の状態に応じ、協力病院を始めとする地域の医療機関等との連携を図るなど適切な措置を講ずること。

3．社会福祉施設等においては、感染症若しくは食中毒の発生又はそれが疑われる状況が生じたときの有症者の状況やそれぞれに講じた措置等を記録すること。

4．社会福祉施設等の施設長は、次のア、イ又はウの場合は、市町村等の社会福祉施設等主管部局に迅速に、感染症又は食中毒が疑われる者等の人数、症状、対応状況等を報告するとともに、併せて保健所に報告し、指示を求めるなどの措置を講ずること。

ア　同一の感染症若しくは食中毒による又はそれらによると疑われる死亡者又は重篤患者が１週間内に２名以上発生した場合
イ　同一の感染症若しくは食中毒の患者又はそれらが疑われる者が１０名以上又は全利用者の半数以上発生した場合
ウ　ア及びイに該当しない場合であっても、通常の発生動向を上回る感染症等の発生が疑われ、特に施設長が報告を必要と認めた場合

5．4の報告を行った社会福祉施設等においては、その原因の究明に資するため、当該患者の診察医等と連携の上、血液、便、吐物等の検体を確保するよう努めること。

6．4の報告を受けた保健所においては、必要に応じて感染症の予防及び感染症の患者に対する医療に関する法律（平成１０年法律第１１４号。以下「感染症法」という。）第１５条に基づく積極的疫学調査又は食品衛生法（昭和２２年法律第２３３号）第５８条に基づく調査若しくは感染症若しくは食中毒のまん延を防止するために必要な衛生上の指導を行うとともに、都道府県等を通じて、その結果を厚生労働省に報告すること。

7．4の報告を受けた市町村等の社会福祉施設等主管部局と保健所は、当該社会福祉施設等に関する情報交換を行うこと。

8．社会福祉施設等においては、日頃から、感染症又は食中毒の発生又はまん延を防止する観点から、職員の健康管理を徹底し、職員や来訪者の健康状態によっては利用者との接触を制限する等の措置を講ずるとともに、職員及び利用者に対して手洗いやうがいを励行するなど衛生教育の徹底を図ること。また、年１回以上、職員を対象として衛生管理に関する研修を行うこと。

9．なお、医師が、感染症法、結核予防法（昭和２６年法律第９６号）又は食品衛生法の届出基準に該当する患者又はその疑いのある者を診断した場合には、これらの法律に基づき保健所等への届出を行う必要があるので、留意すること。

別　紙　　対象となる社会福祉施設等
【介護・老人福祉関係施設】
　○　養護老人ホーム
　○　特別養護老人ホーム
　○　軽費老人ホーム
　○　老人デイサービス事業を行う事業所、老人デイサービスセンター
　○　老人短期入所事業を行う事業所、老人短期入所施設
　○　老人福祉センター
　○　認知症グループホーム
　○　生活支援ハウス
　○　有料老人ホーム
　○　介護老人保健施設

(以下、略)

以上。

資料4

事務連絡
平成27年5月29日

各都道府県・政令指定都市消費者行政担当課長殿
各都道府県・政令指定都市・中核市社会福祉施設担当課長殿

消費者庁消費者安全課
消費者庁消費者政策課
厚生労働省雇用均等・児童家庭局総務課
厚生労働省社会・援護局福祉基盤課
厚生労働省社会・援護局障害保健福祉部企画課
厚生労働省老健局総務課

社会福祉施設等の利用に係る消費者事故等の通知について（再周知）

　平素より、消費者安全行政の推進に当たっては格別の御理解、御協力を頂きましてありがとうございます。
　平成21年9月1日に施行された消費者安全法（平成21年法律第50号）において、地方公共団体の長は消費者事故等に関する情報を得たときは、消費者庁長官に対して通知しなければならないこととされており、同日付の事務連絡において御連絡しているとおり、社会福祉施設等における役務・施設に係る消費者事故等も通知の対象となります。
　今般、消費者庁において、平成27年3月27日付けで「消費者事故等の通知の運用マニュアル」を改訂し、記載を充実いたしました。各地方公共団体においては、通知すべき範囲について改訂マニュアルを参照し、消費者事故等の情報を漏れなく消費者庁に通知するようお願いいたします。
　また、消費者庁へ通知する際は、併せて、厚生労働省にも通知頂くようお願い申し上げます。
　特に、生命・身体分野の重大事故等については、事故の原因調査が行われていない事故を含め、直ちに通知しなければならないものです。具体的には、社会福祉施設等における事故により、死亡・重症（30日以上の治療が必要）等を伴う事故となったものについては、「事業者の安全配慮が不十分だった可能性はない」と判断される場合を除き、消費者庁に直ちに通知するようお願いします。

なお、児童福祉施設等の事故通知については、引き続き「参考１：児童福祉施設等における事故の報告等に関する過去の依頼文書」に基づいて、通知いただきますようにお願いいたします。また、介護施設等における消費者事故等の事例については「参考２：介護施設等における消費者事故等の事例」を参照してください。

　消費者庁では、消費者安全法に基づき通知された情報を含め、関係行政機関等から事故情報を集約し、「事故情報データバンクシステム」として公表しています。地方公共団体等において、事故防止に向けた資料を作成する際等に活用ください。

　また、都道府県においては、域内の市町村の消費者行政担当課及び社会福祉施設担当課に本件を周知いただきますようお願いいたします。

（参考１）児童福祉施設等における事故の報告等に関する過去の依頼文書
- 「特定教育・保育施設等における事故の報告等について」（平成27年2月16日）
- 「子育て援助活動支援事業（ファミリー・サポート・センター事業）における事故の報告等について」（平成27年3月27日）
- 「子育て短期支援事業における事故の報告等について」（平成27年3月27日）
- 「放課後児童健全育成事業（放課後児童クラブ）における事故の報告等について」（平成27年3月27日）

（参考２）介護施設等における消費者事故等の事例
　＜役務提供者の安全配慮が不十分だった疑い＞
- 被介護者が介護者の介助で自宅のベッドから車椅子へ移動する際に、転倒して左大腿骨骨折の重傷。
- 被介護者がヘルパーと散歩中バランスを崩して転倒し、右腕骨折の重傷。
- 被介護者が食品の誤嚥により窒息死（被介護者は嚥下障害があったが、介護施設は食材の配慮、食事中の見守り、食後の救急救命措置が不十分だった可能性）。

　＜製品の安全性が不十分だった疑い＞
- 被介護者が、ポータブルトイレの近くで死亡（転倒した際に、ポータブルトイレの背もたれと肘掛けの間の隙間に頸部を挟まれた可能性）
- 被介護者が、介護ベッドの手すりのすき間に挟まれた状態で死亡が確認

＜消費者庁の情報通知・問い合わせ先＞
（生命・身体に関する消費者事故等について）消費者庁消費者安全課
　　TEL：０３－３５０７－９２０１（直通）
　　FAX：０３－３５０７－９２９０（直通）
（財産に関する消費者事故等について）　消費者庁消費者政策課
　　TEL：０３－３５０７－９１８７（直通）
　　FAX：０３－３５０７－９２８７（直通）

・児童福祉施設等について：厚生労働省雇用均等・児童家庭局総務課
　　TEL：０３－３５９５－２４９１（直通）
　　FAX：０３－３５９５－２６６８（直通）
・保護施設等について：厚生労働省社会・援護局保護課
　　TEL：０３－３５９５－２６１３（直通）
　　FAX：０３－３５９２－５９３４（直通）
・隣保館、生活館等について：厚生労働省社会・援護局地域福祉課
　　TEL：０３－３５９５－２６１５（直通）
　　FAX：０３－３５９２－１４５９（直通）
・障害福祉施設等について：厚生労働省社会・援護局障害保健福祉部企画課
　　TEL：０３－３５９５－２３８９（直通）
　　FAX：０３－３５０２－０８９２（直通）
・介護・老人福祉施設等について：厚生労働省老健局総務課
　　TEL：０３－３５９１－０９５４（直通）
　　FAX：０３－３５０３－２７４０（直通）

＜添付資料＞

１：消費者事故情報の通知の運用マニュアル（平成２７年３月２７日改訂）
２：消費者事故情報通知様式
３：消費者事故情報通知様式による通知の仕方
４：消費者庁事故情報データバンクについて

以上。

（注：添付資料等については、消費者庁のＨＰから閲覧願います。）

資料5
全国消防長会「小規模社会福祉施設における避難誘導体制の確保」(抜粋)

全消発第338号
平成21年10月27日

各 会 員 殿

全 国 消 防 長 会
会 長 新 井 雄 治
(公印省略)

「小規模社会福祉施設における避難誘導体制の確保」について

　総務省消防庁から「群馬県渋川市老人ホーム火災を踏まえた防火安全対策」について、再発防止の基本的な考え方が示されました。その中で、小規模社会福祉施設で火災が発生した場合において、入所者が安全に避難できるような避難誘導体制の確保の徹底を図る対応として、消防機関における適切な指導、教育を行う必要性があるとされました。
　このことから、全国消防長会予防委員会及び同小委員会において審議、検討した結果、別添えのとおり「小規模社会福祉施設における避難訓練等指導マニュアル」が取りまとめられました。
　つきましては、各消防本部におかれましても、小規模な社会福祉施設管理者等に対し、避難誘導体制の確保について統一的な指導を行うため、「小規模社会福祉施設における避難訓練等指導マニュアル」を基準例として、防火安全対策を推進していただきますよう特段の御配意をお願いいたします。

　　　別添え　「小規模社会福祉施設における避難訓練等指導マニュアル」

(別添えの上記マニュアルについては、掲載を割愛しています。内容については、総務省消防庁HPで「小規模施設に対応した防火対策に関する検討報告書」(平成22年2月)の参考資料として掲載されているので、参照してください。次頁に上記マニュアルの「別紙」の「対応事項の完了までに要する時間が避難目標時間を超過した際の指導要領」を示してあります。)

133

別紙
「対応事項の完了までに要する時間が避難目標時間を超過した際の指導要領」

訓練の検証の結果、避難目標時間内に所要の対応事項が完了できなかった場合には、以下に述べる要領を参考に、防火安全対策の指導を必要に応じて行うものとする。
１．問題点の指導
　　訓練時の行動等で問題と考えられる事項を指導するとともに、小規模社会福祉施設の設備、構造等で防火安全対策上の弱点となっている事項についても説明を行うものとする。
２．改善策の検討
　　前１で挙げた問題点及び避難目標時間から超過した時間等を勘案して、以下の項目の中から該当する改善内容を示し、実現可能な改善策を検討するよう指導する。
　　特に、自火報等が設置されていない小規模社会福祉施設で、避難目標時間の超過等が著しいものについては、自火報等（自動火災報知設備の設置義務がない小規模社会福祉施設にあっては連動型住宅用火災報知器）の早期設置を指導すること。
　①　活動の迅速化
　　　次に掲げる項目を実施することにより、対応事項に係る時間を短縮することを指導する。
　　ア　訓練等により職員等の行動の迅速化を図る。
　　イ　職員等相互の連携を図る。
　　ウ　消防用設備等や防災設備等の操作・取扱い要領の習熟を図る。
　　エ　自力避難困難者の搬送方法、技術の習熟を図る。
　　オ　車イス等避難介助に使用する設備・機器等を増強する。
　②　防火管理体制の変更
　　　次に掲げる項目に関する体制を変更し、又は見直すことを指導する。
　　ア　職員等の資質を考慮し、災害対応能力がいずれの日も平均化するよう、シフト体制を見直す。
　　イ　自力避難困難者や受信機に近接した所に、職員等の事務所や仮眠室を設定する。
　　ウ　目的地までの遠回りや職員等が互いに重複する行動をとらないようにするため、小規模社会福祉施設内の構造を良く理解し、役割分担を周知徹底する。

エ　自力避難困難者の居所を避難容易な場所に変更する。
　オ　近隣住民との火災時の応援体制を整備するととともに、宿直等の人員を適正配置するなど職員等配分の適切化を図る。
　カ　③に掲げる消防用設備等その他の設備等の強化の状況により、避難経路・避難方法の見直しを行う。
③　消防用設備等その他の設備等の強化
　　次に掲げる消防用設備等その他の設備等を設置し、又は改良するなど、避難目標時間の延長と対応事項に係る時間の短縮を図る。
　ア　自動火災報知設備又は連動型住宅用火災警報器を設置する。
　イ　消防機関へ通報する火災報知設備を設置する。
　ウ　自動火災報知設備と消防機関へ通知する火災報知設備を連動させる（又は、自火報等の非火災報対策の進捗状況を踏まえ、自火報等の作動時点で消防機関へ通報する火災報知設備の起動又は電話による通報を行うこととする。）。
　エ　小規模社会福祉施設の中で通報連絡するための装置等（携帯電話、館内インターホン、コードレス電話子機等）を設置する。
　オ　近隣協力者等の応援要請装置を設置する。
　カ　119番通報を複数の場所で行うことができるようにする。
　キ　スプリンクラー設備を設置する。
　ク　自力避難困難者搬送用器具の導入や改良を行う。
　ケ　火気使用設備器具等に自動消火装置を設置する。
　コ　消火器の設置を増強する。
　サ　パッケージ型消火設備を設置する。
　シ　近隣の協力者への火災通報を自動火災報知設備と連動させる。
　ス　火災時に外部にその旨を通報する音響装置を設ける。
　セ　外部と直接出入りできる扉等で施錠しているものを自動火災報知機と連動して解錠する仕組みとする。
④　建物構造等の強化等
　　内装の不燃化、防火区画の設置等により、避難目標時間の延長と対応事項に係る時間の短縮を図ることを指導する。
　ア　全寝具・布張り家具（ソファー等）に防炎性能（これに相当する着火防止性能

を含む。）を有する製品を使用する。
　　イ　建物の内装の不燃化を図る。
　　ウ　建物内を防火区画（準耐火構造の壁及び防火戸による区画）により細分化する。
　　エ　火災室の区画を形成するよう出入口及び開口部を変更する。
　　オ　火災室を区画するドアを自動閉鎖式にする。
　　カ　一次避難場所や避難経路のスペースを広げる等見直しを行う。
　　キ　避難経路を増やす。例えば、屋外階段や避難上効果が期待されるバルコニー等を確保する。
　　ク　搬送・歩行の障害となる段差をなくす。
 3　改善策の実施及び再効果確認
　前2で検討した改善策を関係者と十分に協議して、火災発生時に効果のある改善策を計画する。この際、ソフト面の改善策は比較的早期に実施できると考えられるが、設備・建築の構造等のハード面の改善策は、時間等が必要となると考えられる。計画した改善策については、関係者に継続して指導するものとする。
　なお、実施した改善策が維持されるよう、その内容を消防計画等に盛り込むよう指導する。改善が図られた後、必要に応じて再度訓練及び訓練の検証を行うものとする。訓練の検証の結果、避難目標時間内に対応事項が完了しない場合は、前2の改善策に加え、次に掲げる改善策の例等を参考に更に効果的な改善を行うように指導する。
　　ア　火気管理の強化を図る。
　　イ　火気使用設備器具等の管理と点検の強化を図る。
　　ウ　コンセントの定期的な清掃等電気器具の管理と点検の強化を図る。
　　エ　放火防止対策の強化を図る。
　　オ　暖房用の灯油等は、屋外の物置等に保管する。
　　カ　入所者等による火気器具（マッチ、ライター等）の持ち込み・使用状況に留意する。
　　キ　消火器の使用方法を全職員等に周知する。
　　ク　入所者等のうち、消火器が使用できる者に使用方法を周知する。
　　ケ　避難施設、避難経路の定期的な点検による維持管理を行う。
　　コ　入所者等個々の避難経路や避難方法等を全職員等に周知する。

　　　　　　　　　　　　　　　　　　　　　　　　　　　　　　　　　以上。

資料6

東京消防庁「小規模社会福祉施設の防火安全対策」
（「小規模社会福祉施設における避難訓練等の指導マニュアル」の別記を示す。）

小規模社会福祉施設における安全対策を推進するために、「火災発生の予防対策」「延焼拡大の抑制対策」「早期発見・初期消火の対策」「早期通報の対策」「避難・避難介助の対策」の具体的な事例を示します。これらを参考に各施設の実態を踏まえて、防火安全対策を実施してください。
① はじめに各施設で実施している内容をチェックしてください。
② 次に、チェックのない項目から、実施できる項目について検討してください。
③ 検討結果から、具体的に取り組むこととした項目を実施し、その内容を消防計画等に反映してください。

また、法令に適合することは前提条件なので、対策を検討する前に関係行政機関の指導を受け、法令に適合させてください。

1 火災発生の予防対策《火気管理など火災の発生を予防する対策》

☐	(1)	たばこ、ライター等の管理や喫煙場所の管理を徹底する。
☐	(2)	吸いがらは、水につけてから捨てるなど適切に処理する。
☐	(3)	各個室で燈明、ろうそく等の裸火や線香を使用しない。
☐	(4)	火気器具(コンロ等)は台所等の所定の場所以外では使用しない。
☐	(5)	過熱防止装置が付いたガスコンロを使用する。
☐	(6)	各室の暖房器具を適切に管理する(裸火となるストーブ等は持ち込まない。)。
☐	(7)	火気設備、火気器具、暖房器具と壁等の距離を適切に確保する（可燃物は遠ざける。）。
☐	(8)	暖房器具の周囲に燃えやすいものやスプレー缶等を放置しない。
☐	(9)	火気の使用中は、人がその場を離れない。
☐	(10)	プラグ等の蛸足配線を禁止し、清掃を定期的に実施する。
☐	(11)	電気コードを折れ、よじれ、傷、半断線等が生じないように使用する。また、電気コードは家具等の下敷きとならないように使用する。
☐	(12)	許容電流の範囲内で電気器具を適正に使用していることを確認する。
☐	(13)	ふろがま、給湯器やガスコンロ等の火気設備を日常的に点検・清掃する。
☐	(14)	白熱灯など熱を持つ照明設備・照明器具は、熱を蓄えるものと接触させない(タオルをかける、衣類が接触しているなどは避ける。)。
☐	(15)	正常に作動しない電化製品、火気設備等はそのまま使用しない。
☐	(16)	屋外でたき火やごみの焼却を行わない。
☐	(17)	施設の外周部に燃えやすいものを置かない、照明を設けるなど放火防止対策を行う。
☐	(18)	その他施設の実態にあった出火防止対策を実施する。

2 延焼拡大の抑制対策《火災の拡大を防止し、又は、煙の拡散を防止する対策》

- □ (19) くさび等で戸を閉まらない状態としない。物品等による戸の閉鎖障害が生じないように管理する。
- □ (20) 壁及び天井の室内に面する部分の全てを不燃材料、準不燃材料又は難難燃材料で仕上げる。
- □ (21) 寝具(ふとん、ベッドパッド、枕、マットレス、毛布、ベッドスプレッド、タオルケット等)・布張り家具は防炎性能を有するものにする。
- □ (22) 居室に可燃物を多量に持ち込まない。
- □ (23) 施設内に暖房器具に使用する灯油等を原則として持ち込まない。又は、適切に管理する。
- □ (24) 常時閉鎖式又は煙感知器連動閉鎖式の戸を設け、区画(襖、障子等による仕切りは除く。)を形成する。
- □ (25) 建物内の延焼拡大を防ぐために不燃化区画(※)以上を形成する。
- □ (26) その他施設の実態にあった延焼拡大を抑制する対策を実施する。

※ 不燃化区画とは、室内に面する壁部分、床部分の仕上げが準不燃材料以上でされているものであり、かつ、常時閉鎖式防火設備又は煙感知器連動閉鎖式防火設備若しくは準不燃材料以上で作られた常時閉鎖式又は煙感知器連動式の戸を設けたものである。防火区画も含まれる。

(不燃材料の例)…繊維強化セメント板、ガラス繊維混入セメント板(厚さ 3mm 以上)、繊維混入ケイ酸カルシウム板(厚さ 5mm 以上、せっこうボード(厚さ 12mm 以上))等

(準不燃材料の例)…せっこうボード(厚さ 9mm 以上)、木毛セメント板(厚さ 15mm 以上)、硬質木片セメント板(厚さ 9mm 以上)、木片セメント板(厚さ 30mm 以上)等

(難燃材料の例)…難燃合板(厚さ 5.5mm 以上)、せっこうボード(厚さ 7mm 以上)等

3 早期発見・初期消火の対策《火災を早期に発見し、消火活動等を行うための対策》

- □ (27) 自動火災報知設備、連動型住宅用火災警報器等を設置し、維持管理する。
- □ (28) 受信機等の付近に職員が常駐する。
- □ (29) スプリンクラー設備(住宅用を含む。)を設置する。
- □ (30) 台所等の火気設備付近に自動消火装置を設置する。
- □ (31) 各階の消火器を増強する。
- □ (32) 全ての職員に施設にある消火器や消火設備の使用方法を周知し、訓練を実施する。
- □ (33) その他施設の実態にあった火災を早期に発見する対策、初期消火の対策を実施する。

4 早期通報の対策 《消防機関へ火災を早期に通報するための対策》

□	(34)	消防機関へ通報する装置を設ける。
□	(35)	消防機関へ通報する装置を自動火災報知設備等と連動させる。
□	(36)	通報・連絡を行うための装置（携帯電話、コードレス電話の子機、インターホン等）を設置する。
□	(37)	その他施設の実態にあった早期通報の対策を実施する。

5 避難・避難介助の対策 《避難や避難介助を行うために施設等で実施する対策》

□	(38)	ベランダ等に避難器具（すべり台等）を設けるなど、2系統以上の避難経路を設ける。
□	(39)	一時的な避難場所や避難経路のスペースを広げる。
□	(40)	施錠された出入口は自動火災報知設備等と連動して解錠するものにする。
□	(41)	搬送・歩行の障害となる段差をなくす。
□	(42)	室内や避難経路となる廊下、階段等に避難障害となる物を放置しないよう管理する。
□	(43)	避難時に車イス等を利用する者の周囲に常に車イス等を用意しておく。
□	(44)	避難時に使用する予定の昇降装置(エレベーターを除く。)等を停電時も使用可能なものに替える。
□	(45)	火災に伴う停電時も避難経路の照明が確保される設備・器具を設ける。
□	(46)	火災時に近隣から駆けつける協力者、従業員等を確保する。また、宿直等の人員を適切配置するなど職員等の配分の適切化を図る。
□	(47)	近隣協力者等へ連絡する設備を設ける（更に、これを自動火災報知設備等と連動させる。）。
□	(48)	近隣の事業所、町会等と災害時の応援協定を結ぶ。
□	(49)	火災時に外部にもその旨を連絡する音響装置を設ける。
□	(50)	訓練等により職員等の行動の迅速化や相互の連携強化を図る。
□	(51)	すべての職員に施設にある避難設備の使用方法を周知し、訓練を実施する。
□	(52)	自力避難困難者の居室等に近接した所に職員等の事務室や待機場所等を設置する。
□	(53)	自力避難困難者の居所を避難が容易な場所に変更する。
□	(54)	その他施設の実態にあった避難・救助の対策を実施する。

以上。

■ 参考文献

- Reason, J. (1990). *Human Error*, Cambridge:Cambridge University Press.（十亀洋訳『ヒューマンエラー（完訳版）』海文堂出版, 2014年。）
- Reason, J. (1997). *Managing the Risks of Organizational Accidents*, Aldershot:Ashgate Publishing Limited.（塩見弘監訳, 高野研一, 佐相邦英訳『組織事故―起こるべくして起こる事故からの脱出』日科技連出版社, 1999年。）
- ジェームズ・リーズン著『組織事故とレジリエンス』日科技連出版社, 2010年, 佐相邦英監訳, 電力中央研究所ヒューマンファクター研究センター翻訳
- 日本ヒューマンファクター研究所『品質とヒューマンファクター』日科技連出版 2012年
- Erik Hollnagel, Nancy Leveson, David D. Woods 著『レジリエンスエンジニアリングー概念と指針』日科技連出版 2012年, 北村正晴監訳
- 柳田邦男著『事故の視角』文芸春秋, 1978年
- 谷村富男著『ヒューマンエラーの分析と防止』日科技連出版, 1995年
- 村田厚生著『ヒューマンエラーの科学』日刊工業新聞社, 2008年
- 海保博之・田辺文也著『ヒューマンエラー』新曜社, 1996年
- 篠原一光・中村隆宏編『心理学から考えるヒューマンファクターズ』有斐閣, 2013年
- 河野龍太郎編著『実務入門ヒューマンエラーを防ぐ技術』日本能率協会マネジメントセンター, 2006年
- 黒田勲著『ヒューマン・ファクターを探る』中央労働災害防止協会, 1988年
- 厚生労働省リスクマネージメントスタンダードマニュアル作成委員会「リスクマネージメントマニュアル作成指針について（報告）」2000年8月24日
- 厚生労働省医療安全対策会議報告書「医療安全推進総合対策～医療事故を未然に防止するために～」平成14年4月17日
- 厚生労働省「患者誤認事故防止方策に関する検討会報告書」平成11年5月12日
- 厚生労働省「医療法施行規則の一部を改正する省令の一部施行について」（平成16年9月21日医政発第0921991号）
- 厚生労働省「地域における医療及び介護の総合的な確保を推進するための関係法律の整備等に関する法律の一部の施行（医療事故調査制度）について」（平成27年5月8日医政発0508第1号）

- 厚生労働省医療事故調査制度の施行に係る検討会「医療事故調査制度の施行に係る検討について」（平成27年3月20日）
- 消費者庁「消費者事故等の通知の運用マニュアル」（平成21年10月28日制定、平成28年7月15日修正）
- 「社会福祉施設等の利用に係る消費者事故等の通知について（再通知）」（平成27年5月29日付消費者庁消費者安全課、消費者庁消費者政策課、厚生労働省雇用均等・児童家庭局、厚生労働省社会・援護局福祉基盤課、厚生労働省社会・援護局障害保健福祉部企画課、厚生労働省老健局総務課事務連絡）
- 厚生省「特別養護老人ホームの設備及び運営に関する基準」（平成11年3月31日厚生省令第46号）
- 厚生省「特別養護老人ホームの設備及び運営に関する基準について」（平成12年3月17日老発第214号）厚生省老人保健福祉局長通知
- 三菱総合研究所「高齢者介護施設における介護事故の実態及び対応策のあり方に関する調査研究事業報告者」2009年3月
- 東京都世田谷区高齢福祉部「平成28年度介護保険事故報告」平成29年7月
- 福岡市保健福祉局「平成26年福岡市介護サービス事故報告書」平成27年6月
- 厚生労働省「医療法施行規則の一部を改正する省令の一部の施行について」（平成16年9月21日医政発第0921001号）

索引

■英数字

4Ｍ区分による要因例.... 100
4Ｍ手法モデル.......... 60
5Ｍ................... 61
5Ｍ－5Ｅマトリックス表. 62
Ｅducation：教育、訓練. 62、102
Ｅnforcement：強化、徹底 .. 63、104
Ｅngineering：技術・工学 62、103
Ｅnvironment：環境.... 63、105
Ｅxample：模範・事例.. 63、104
Machine（機械・設備）.. 60、97
Man（人）........... 60、96
Management（管理）... 61、98
Media（環境）........ 61、97
Mission（任務・職務）.. 61、98
ｍ－ＳＨＥＬモデル....... 57
ＮＬＰ................. 102
ＰＤＣＡ................ 64
ＳＲＫモデル........... 53

■あ行

アクシデント......... 19、41
アフォーダンス......... 31
安全コミットメント...... 79
安全文化.............. 84
安全文化の7原則........ 85
イエス・テンデンシー..... 28
イクシーダンス.......... 40
意識水準.............. 27
医療過誤.............. 18

医療事故.............. 17
インシデント......... 19、40
オミッションエラー....... 39

■か行

外乱エラー............. 40
学習する組織............ 80
環境・情報（Media）..... 97
感染症等発生時に係る報告 127
企業コンプライアンス..... 79
企業文化によるエラー..... 43
危険予知活動（ＫＹＴ）.. 104
記録・報告する組織....... 81
経営方針によるエラー..... 43
権威勾配.............. 28
原始脳................ 26
心の訴え.............. 117
固執エラー............. 40
コミッションエラー....... 39

■さ行

参考文献.............. 140
資料................ 121
事故記録様式........... 91
事故情報データバンク.... 10
事故発生時の報告取扱要領 124
使命・任務（Mission）... 98
社会的手抜き........... 29
集団凝集性............ 29
集団浅慮.............. 29
集団の心理的特性........ 28

状況要因.................. 50
尚早エラー................ 40
消費者事故等.............. 8
　重大な生命・身体的被害　9
視力・色覚の低下......... 34
スイスチーズモデル....... 49
スキルベースの行為....... 54
ストレスエラー........... 40
スリップ................. 41
正常性バイアス........... 28
生産性と安全性........... 52
潜在的状況要因........... 49
選択的注意............... 28
全体システムモデル....... 56
組織要因................. 51
　■た行
多数決意見の正当化....... 29
チームによるエラー....... 42
知識ベースの行為......... 54
注意する力............... 83
注意力の低下............. 36
中断エラー............... 40
同調行動................. 29
動物脳................... 26
　■な行
人間脳................... 26
認知階層モデル........... 53
認知情報処理過程モデル... 55
認知的不協和............. 28

■は行
ハインリッヒの法則....... 48
人（Man）................ 96
避難誘導体制の確保...... 133
ヒヤリ・ハット活動....... 72
ヒヤリ・ハット事例.... 19、72
ヒューマンエラーの定義... 38
ヒューマンエラーの範囲... 44
ヒューマンエラーの
　分類体系............... 44
ヒューマンファクター..... 48
不安全行動............ 49、78
福祉施設の運営における
　事故の定義............. 21
　ヒヤリ・ハット事例の定義 22
　ヒューマンエラーの範囲. 44
福祉用具等の製品事故..... 11
福祉用具の利用に係わる
　ヒヤリ・ハット情報等... 12
プライミング・エラー..... 40
フリーレッスン........... 40
　■ま行
ミステイク............... 41
物・機械（Machine）...... 97
四つのM.................. 88
　■ら行
ラプス................... 41
ルールベースの行為....... 54
労働災害事故............. 13

143

著者紹介

中目　昭男（なかのめ　あきお）

・中小企業診断士、社会福祉士、福祉住環境コーディネータ、消費生活アドバイザー
・1975年電気通信大学大学院修了、2009年日本福祉教育専門学校卒
・情報通信事業会社に入社し現場事業所マネジメントに長年従事した後、
　技術サービス開発会社にてマーケティング業務従事を経て独立。
　高齢者福祉サービスの開発支援、商店街と個店の活性化支援に従事。
　ヒューマンエラー防止、BCP策定などリスクマネジメント支援を行っている。

(主な著書)
・「チャートとチェックリストで作る高齢者福祉施設BCP(事業継続計画)
　マニュアル策定ガイド(震災編)」（三恵社）
・「ヒューマンエラー防止で減らす保育事故(保育施設編)」（三恵社）

ヒューマンエラー防止で減らす施設事故（高齢者福祉施設編）

2018年3月31日　初版発行
2021年4月14日　第二刷発行

著　者　　中目　昭男

発行所　　株式会社　三恵社
〒462-0056　愛知県名古屋市北区中丸町2-24-1
TEL 052 (915) 5211
FAX 052 (915) 5019
URL http://www.sankeisha.com

乱丁・落丁の場合はお取替えいたします。　　　　　　　©2018 Akio Nakanome
ISBN978-4-86487-815-9